200 x Backen

gut gekocht und ganz schön einfach

200 x Backen

Sara Lewis

Für Miss Morley, eine inspirierende Lehrerin
und lebenslange Freundin

Erstveröffentlichung 2008 unter dem Titel „Hamlyn All Colour:
Cakes and Bakes" durch Hamlyn Octopus, einem Imprint von
Octopus Pubishing Group Ltd., 2 – 4 Heron Quays,
Docklands, London E 14 4JP

© 2008 Octopus Publishing Groupo Ltd.
Alle Rechte vorbehalten

Moewig ist ein Imprint der edel entertainment GmbH
© edel entertainment GmbH, Hamburg
www.moewig. de | www.edel.de

Producing: SAW Communications,
Redaktionsbüro Sabine A. Werner, Mainz

Übersetzung: SAW Communications,
Redaktionsbüro Sabine A. Werner, Mainz; Sabine Goehrmann

Printed and bound in China

ISBN 978-3-86803-317-5

Die üblichen Löffelmaße werden in sämtlichen
Rezepten angewandt.

1 Esslöffel = ein 15-ml-Löffel
1 Teelöffel = ein 5-ml-Löffel

Der Backofen sollte auf die angegebene Temperatur
vorgeheizt werden. Wenn Sie einen Umluftherd benutzen,
beachten Sie bitte die Angaben des Herstellers zur
Angleichung der Backdauer und der Temperatur.

Falls nicht anders angegeben,
werden frische Kräuter verwendet.

Falls nicht anders angegeben,
werden mittelgroße Eier verwendet.

Inhalt

Einleitung	6
Kleingebäck	14
Plätzchen & Kekse	64
Kuchen vom Blech	106
Torten	134
Kuchen pur	180
Feingebäck	206
Kuchen ohne Backen	222
Register	236
Bildnachweise	240

Einleitung

Einleitung

Es bringt unglaublich viel Spaß, selbst Kekse und Kuchen zu backen. Nach einer hektischen Woche ist das Backen eine wunderbare Therapie zur Entspannung. Der herrliche Duft aus dem Backofen lockt meist die ganze Familie in die Küche, die sich begeistert über die Plätzchen hermacht, bevor sie richtig ausgekühlt sind.

Selbstgebackenes übertrifft alles, was man im Laden kaufen kann, und ist bestens geeignet, Familien und Freunde auf sehr persönliche Art zu verwöhnen. Viele der Kuchen im Mittelteil (siehe Seiten 134 – 179) können zum Beispiel mit ein paar Kerzen und einem aufgespritzten Schriftzug aus Zuckerglasur oder Schokolade zum Geburtstagsgeschenk werden. Und warum nicht statt eines Blumenstraußes Kleingebäck (siehe Seiten 14 – 63) oder Kekse (siehe Seiten 64 – 107) aus eigener Fertigung mitbringen, wenn man Freunde besucht? Wenn Sie nicht viel Zeit haben, probieren Sie doch einen der Blechkuchen (siehe Seiten 108 – 133) aus. Alle sind schnell und leicht zu

backen und können gut auf Picknicks mitgenommen oder zu Lunchpaketen für Schule oder Büro gepackt werden. Viele der Kuchen können auch warm serviert werden, sodass sie sich mit Vanillesoße oder Eis auch als Dessert eignen.

Da viele Kinder heute in der Schule keinen Kochunterricht mehr haben, ist das gemeinsame Backen mit Kindern eine gute Gelegenheit, sie an das Kochen heranzuführen. Kuchenbacken ist kein Geheimwissen und wirklich nicht so schwierig, wie manche Leute glauben. Vorausgesetzt, Sie haben eine gute Waage und ein paar Backformen zur Hand und befolgen die Rezepte genau, ist es kinderleicht. Dazu kommt, dass Sie genau wissen, was Sie in Ihren Kuchen tun, sodass künstliche vermieden werden. Vermutlich haben Sie auch viele der Zutaten in Ihrem Vorratsschrank. Was fehlt, können Sie bei Ihrem nächsten Besuch im Supermarkt in den Einkaufswagen legen.

Backgeräte

Die Rezepte in diesem Buch sind alle leicht nachzubacken, und wahrscheinlich haben Sie bereits die meisten der wichtigsten Geräte, die Sie dazu brauchen. Wenn etwas fehlt, können Sie es im nächsten Supermarkt, Einkaufszentrum oder Haushaltswarengeschäft kaufen.

Waagen

Eine gute Küchenwaage ist beim Kuchenbacken unerlässlich. Zu viel Fett, und der Kuchen sinkt ein, zu viel Mehl, und er wird trocken. Eine digitale Küchenwaage ist am besten geeignet, weil sie die Menge auf das Gramm genau anzeigt.

Bei der digitalen Variante können Sie die Rührschüssel auf die Waage stellen, den Kontrollknopf drücken, sodass Null erscheint, und dann die Zutaten dazugeben und abwiegen. Wenn Sie die Waage wieder auf Null stellen, können Sie weitere Zutaten in die gleiche Schüssel geben – ideal, wenn man Butter und Zucker für eine Buttercremetorte oder Mehl, Zucker und Butter für einen geriebenen Teig abwiegt.

Digitale Küchenwaagen sind meist auch kompakter als mechanische Waagen. Nachteilig ist, dass die Batterie irgendwann alle ist, halten Sie also Ersatz bereit.

Wenn Sie eine mechanische Küchenwaage benutzen, achten Sie darauf, dass die kleinen Mengen leicht abzulesen sind. Manche Waagen haben Linien, die jeweils nur ein Mehrgewicht von 50 g anzeigen.

Nehmen Sie ein ungeöffnetes Butterpaket, um zu prüfen, ob Ihre Waage richtig wiegt. Die angezeigte Menge sollte der auf dem Butterpaket entsprechen. Wenn nicht, muss die Waage anders eingestellt werden.

Messlöffel

Ein Satz Messlöffel – von $1/4$ Teelöffel bis 1 Esslöffel – ist unverzichtbar für das Abmessen von Zutaten wie Gewürzen, Backpulver, Zitronensaft, Vanilleextrakt und Öl. Beim Abmessen von trockenen Zutaten sollte der Löffel immer gestrichen sein, sofern es im Rezept nicht anders angegeben ist.

Messbecher

Ein Messbecher aus Glas ist leichter abzulesen und hält länger als einer aus Plastik, es sei denn, Sie lassen ihn auf den Küchenboden fallen! Stellen Sie ihn auf eine ebene Fläche und beugen Sie sich zum Ablesen der Mengen hinunter, anstatt den Becher auf Augenhöhe zu halten.

Rührschüsseln

Sie können aus Glas, Edelstahl, Porzellan oder Plastik sein. Gebraucht werden mindestens drei in abnehmender Größe, damit sie ineinanderpassen und leichter wegzustellen sind. Wenn Sie große Obstkuchen oder festliche Torten backen wollen, kann auch eine besonders große Rührschüssel sinnvoll sein.

Kuchengitter

Nach dem Backen werden Kuchen und Kekse zum Abkühlen auf einen Kuchenrost gelegt, damit der Dampf abziehen kann und die Unterseiten trocken bleiben. Nehmen Sie ein Gitter mit engen Abständen zwischen den Drahtreihen. Sie können aber auch den Grillrost benutzen.

Ausstechformen

Ein qualitativ guter Satz runder Förmchen mit glattem und gewelltem Rand hält ein Leben lang und kann für Kekse, kleine Törtchen, Pastetchen und Scones verwendet werden.

Spritzbeutel und Spritztüllen

Sie sind zwar nicht unbedingt erforderlich, eignen sich aber gut zum Formen von Baisers, Eclairs und Biskuitteig. Sinnvoll sind eine Stern- und eine Lochtülle mit jeweils 1 cm Durchmesser. Spritzbeutel aus Nylon sind geschmeidiger und einfacher in der Handhabung als die dickeren aus Kunststoff.

Küchenmaschine kontra elektrisches Handrührgerät

Beide Küchengeräte sind sehr hilfreich bei der Zubereitung von Cremekuchen und geriebenem Kuchen, Keksen, Scones und Glasuren. Weil eine Küchenmaschine einen Deckel hat, spritzt der Inhalt nicht heraus, und auch der feine Staub von Glasurzucker oder Mehl bleibt drinnen. Wenn Sie Früchte dazugeben, vergessen Sie nicht, die Metallscheibe durch die Plastikscheibe zu ersetzen und nur so kurz wie möglich zu rüh-

ren, damit die Früchte untergemischt, aber nicht zerhackt werden.

Sowohl ein Handrührgerät als auch eine größere Küchenmaschine sind ideal zum Schlagen, obwohl nur ein in der Hand zu haltendes Rührgerät geeignet ist, Zutaten in einer Schüssel über einem Topf mit köchelndem Wasser zu mischen.

Weitere geeignete Backhelfer

- **Backpinsel** – Zum Einfetten von Backformen und zum Bestreichen von Gebäck.
- **Biegsamer Teigschaber aus Kunststoff** – Perfekt zum Unterheben von Mehl oder geschlagenem Eiweiß oder zum Umfüllen des Teiges in Backformen.
- **Palettenmesser** – Ein kleines, 10 cm langes ist ideal zum Lösen von Kuchen aus der Form. Ein größeres, 25 cm langes eignet sich zum Heben eines größeren Kuchens vom Kuchengitter.
- **Nudelholz** – Ideal ist eine kugelgelagerte Rolle, die fast wie von selbst über den Teig gleitet.
- **Schneebesen** – Zum Schlagen von Eiweiß und Sahne oder Rühren von Flüssigkeiten.
- **Holzlöffel** – Zum Mischen von Cremes und Rührteig. Einer mit kürzerem Griff ist leichter zu handhaben.
- **Holzstäbchen** – Um die Garprobe bei einem Gebäck zu machen.

Backformen vorbereiten

Streichen Sie Ihre Kuchenform mit etwas Sonnenblumen- oder Pflanzenöl oder einen kleinen Klacks Butter mit einem Backpinsel aus. Selbst beschichtete Formen müssen vor Gebrauch etwas eingefettet werden, es sei denn, sie werden mit beschichtetem Backpapier ausgelegt.

Pergamentpapier kontra beschichtetes Backpapier

Beschichtetes Backpapier verhindert, dass das Backgut anklebt, und kann ohne Zusatz von Öl oder Butter zum Auskleiden von Backformen oder Backblechen verwendet werden. Pergamentpapier muss immer eingefettet werden, nachdem es zurechtgeschnitten und in die Form gelegt worden ist. Meist ist es am einfachsten, es mit Öl einzupinseln.

Beschichtetes Backpapier ist für das Auskleiden von Backblechen für Meringes, Bratenbleche oder hohe runde oder viereckige Formen, bei denen der Boden und die Seiten ausgelegt werden, vorzuziehen.

Wie man eine Backform auskleidet …

Tiefe, runde Backform Ziehen Sie um die Form auf beschichtetem Backpapier eine Linie und schneiden Sie den Kreis aus. Schneiden Sie einen Papierstreifen aus, der etwas höher und etwas länger als die Wände der Backform ist, sodass das Papier über den Rand ragt, wenn es in der Form ist. Biegen Sie den Streifen an einer Längsseite um und machen Sie in Abständen Einschnitte. Legen Sie das Papier in die ungefettete Form mit dem eingeschnittenen Rand am Boden der Form. Legen Sie das runde Stück Papier obenauf.

Tiefe, quadratische Backform Hier machen Sie es genauso, aber anstatt am unteren Rand des Streifens machen Sie nur dort Einschnitte, wo das Papier in die Ecken der Form passen soll.

Bratblech oder Biskuitrollenform Schneiden Sie ein rechteckiges Stück Backpapier zu, das größer als die obere Form ist. Machen Sie an den Ecken schräge Einschnitte, legen Sie dann das Papier auf den Boden der ungefetteten Form und drücken Sie es gut an, sodass der Boden und die Wände der Form ausgekleidet sind und das Papier bei der Biskuitrollenform etwas über die Wände hinausragt.

Kastenform Drücken Sie einen Streifen Backpapier, der so lang wie die längste Seite und breit genug ist, um den Boden und die beiden Längsseiten zu bedecken, in eine gefettete Form, und fetten Sie dann das Papier ein. Die kurzen Wände der Form brauchen nicht eingefettet zu werden.

11

Back-Knowhow

Die Backzeiten sind immer Richtwerte, sehen Sie daher während des Backvorganges öfter nach Ihrem Gebäck. Sehen Sie möglichst nur durch die Glastür des Backofens. Öffnen Sie auf keinen Fall die Tür, bis mindestens die Hälfte der Backzeit vergangen ist, weil dann der Kuchen gar ist und weniger leicht einsinken wird. Auch dann sollten Sie die Tür nur einen kleinen Spalt öffnen, gerade weit genug, um zu sehen, wie weit der Kuchen ist. Wenn er vorne oder an den Seiten schneller gar wird, drehen Sie den Kuchen, damit er gleichmäßig backt.

Ein Kuchen ist gar, wenn er gleichmäßig gefärbt ist. Biskuitkuchen gibt nach, wenn man die Fingerspitzen leicht hineindrückt. Sticht man mit einem spitzen Hölzchen in die Mitte größerer Kuchen, sollte kein Teig daran hängen bleiben.

Benutzen Sie für Ihren Kuchen eine Form in der richtigen Größe. Formen werden am Boden gemessen, vor allem, wenn man einen Bräter wählt, der oben einen Wulstrand hat.

Pannenhilfe

Wenn Ihr Kuchen nicht so wird, wie Sie erwartet haben, prüfen Sie, ob die Ursache dafür eine der folgenden ist.

Der Kuchen reißt oben auf
• Der Kuchen wurde bei zu hoher Temperatur oder auf einer zu hohen Schiebeleiste gebacken.
• Gehäufte und nicht gestrichene Teelöffel mit Treibmittel wurden verwendet.

• Die verwendete Kuchenform war zu klein, sodass der Kuchen sehr hoch ist.

Früchte sinken nach unten
• Es waren zu viele Früchte für die Teigmischung.
• Früchte waren feucht oder die kandierten Kirschen, falls benutzt, waren zu zuckrig.

Kuchen fällt zusammen
• Die Ofentür wurde zu früh geöffnet.
• Der Kuchen wurde aus dem Ofen genommen, bevor er richtig durchgebacken war.
• Zu viel Treibmittel, sodass der Kuchen schnell aufging, aber zusammenfiel, bevor der Teig durch war.

Kuchen geht nicht richtig auf
• Luft wurde rausgeschlagen – vielleicht wurde das Mehl zu schnell eingerührt und nicht vorsichtig untergehoben.
• Ofen hatte eine zu niedrige Temperatur oder wurde versehentlich ausgestellt.
• Treibmittel wie Backpulver wurde vergessen.
• Es wurde eine zu große Form verwendet.

Kuchen ist trocken

• Nicht genug Fett genommen.
• Kuchen zu lange im Ofen.
• Nach dem Backen nicht eingewickelt und in einer Kuchenform oder in einem Plastikbehälter aufbewahrt.

Aufbewahren von Gebäck

Kuchen und Kekse lassen sich im Allgemeinen am besten in luftdichten Behältern an einem kühlen Ort aufbewahren, aber Kuchen mit Buttercreme- oder Käsecremefüllung oder Glasur werden in den Kühlschrank gestellt. Die meisten Kuchen lassen sich gut einfrieren, aber solche mit Glasur oder frischem Obst werden am besten ungefüllt oder unglasiert eingefroren. Sehr empfindliche Kuchen werden eingefroren, bis sie fest sind, dann in Klarsichtfolie oder Alufolie gewickelt oder in einen Plastikbehälter gelegt. Robustere Kuchen können eingewickelt und dann eingefroren werden. Große Kuchen können vor dem Einfrieren in Scheiben geschnitten werden; zwischen die Scheiben wird Backpapier gelegt, sodass bei Bedarf auch nur ein bis zwei Scheiben aufgetaut werden können.

Eingefrorene Kuchen sollten innerhalb von 3 Monaten verbraucht werden; bei Raumtemperatur je nach Größe 2 – 4 Stunden auftauen lassen. Scones und Kekse werden nach dem Auftauen im Ofen 5 – 10 Minuten bei 180 °C, Gasstufe 4, aufgebacken.

Nicht vergessen…

• **Einen Backpinsel** benutzen, um Backformen einzufetten und Gebäck zu glasieren.
• **Den Ofen vorheizen** und bei einem Umluftherd die Temperatur um 10 – 20 °C niedriger einstellen.
• **Die mittlere Schiebeleiste benutzen,** es sei denn, Sie wollen mehr als ein Blech gleichzeitig backen.
• **Die Backformen fetten und auslegen,** bevor Sie beginnen.
• **Messlöffel immer gestrichen füllen.**
• **Eine Küchenuhr benutzen,** um regelmäßig den Backvorgang zu kontrollieren.

Kleingebäck

Pistazien-Schokoladen-Meringes

Ergibt **16**
Zubereitungszeit **30 Minuten**
Backzeit **45 – 60 Minuten**

3 **Eiweiße**

175 g feiner **Streuzucker**

50 g **gehäutete Pistazien-kerne,** fein gehackt

150 g **dunkle Schokolade,** in Stücke gebrochen

150 ml **Schlagsahne**

Schlagen Sie die Eiweiße in einer großen sauberen Schüssel steif. Nach und nach teelöffelweise den Zucker einrieseln lassen, bis er ganz verbraucht ist. Noch ein paar Minuten weiterschlagen, bis die Baisermasse steif ist und glänzt.

Heben Sie die Pistazienkerne unter und setzen Sie dann gehäufte Teelöffel Baisermasse in kleinen Häufchen auf 2 große, mit beschichtetem Backpapier belegte Backbleche.

Backen Sie die Baisers im vorgeheizten Ofen bei 110 °C, Gasstufe $\frac{1}{4}$, 45 – 60 Minuten oder bis sie fest sind und sich leicht vom Papier abheben lassen. Auf dem Papier abkühlen lassen.

Schmelzen Sie die Schokolade in einer feuerfesten Schüssel, die Sie in einen Topf mit köchelndem Wasser hängen. Die Baisers vom Papier nehmen und die Unterseiten in die Schokolade tauchen. Seitlich gekippt wieder aufs Papier legen und auskühlen lassen, bis die Schokolade fest geworden ist.

Zum Servieren die Sahne schlagen, bis sie fast steif ist, dann die Baisers damit paarweise zusammensetzen. Nach Wunsch in backfesten Papierformen, auf einem Kuchenteller oder Kuchenständer anrichten.
(Ohne Füllung halten sich die Baisers 2 – 3 Tage.)

Für Safran-Schokoladen-Meringes Safranfäden zum Eiweiß geben, wenn Sie mit dem Schlagen beginnen, und die Pistazien weglassen. Die Baisers in die geschmolzene Schokolade tauchen, mit der geschlagenen Sahne füllen und wie oben servieren.

Oster-Cupcakes (Kleine Kuchen)

Ergibt **12**

Zubereitungszeit **20 Minuten**
   plus Abkühlzeit

Backzeit **15 – 18 Minuten**

125 g **Mehl**

125 g **Streuzucker**

125 g **weiche Margarine**

1½ Teelöffel **Backpulver**

1½ Teelöffel **Vanilleextrakt**
   (oder Mark von
   ½ Vanilleschote)

2 **Eier**

Für den Belag

125 g **Puderzucker,** gesiebt

½ Teelöffel **Vanilleextrakt**

4 Teelöffel **Wasser**

ein paar Tropfen **gelbe, grüne
   und rosa Lebensmittelfarbe**

Geleebonbons zur Dekoration

Füllen Sie alle Zutaten in eine Rührschüssel oder eine Küchenmaschine. Glattrühren. Die Mischung mit dem Löffel in Aluförmchen füllen, die in eine gefettete 12-Mulden-Muffin-Form gesetzt werden. Im vorgeheizten Ofen bei 180 °C, Gasstufe 4, 15 – 18 Minuten backen, bis der Teig aufgegangen ist und die Cupcakes nachgeben, wenn man einen Finger leicht hineindrückt. In der Form abkühlen lassen.

Machen Sie den Belag. Den Puderzucker, die Vanille und das Wasser zu einer glatten Glasur vermischen. Die Glasur auf 3 Schüsseln verteilen und jede Portion anders färben. Die Törtchen aus der Form nehmen, mit Glasur bestreichen und mit Geleebonbons verzieren. Lassen Sie die Glasur 30 Minuten fest werden.

Für Mädchen-Cupcakes die Cupcakes wie oben beschrieben backen, aber zum Färben der Glasur ein paar Tropfen rosa Lebensmittelfarbe nehmen und auf jedes Törtchen statt der Geleebonbons eine pastellfarbene Zuckerblume legen.

Zitronen- und Orangentörtchen

Ergibt **12**
Zubereitungszeit **20 Minuten**
Backzeit **12 – 15 Minuten**

250 g **mit Backpulver gemischtes Mehl** (oder 250 g
Weizenmehl mit ½ Päckchen
Backpulver zusammen
durchgesiebt)
200 g **Streuzucker**
abgeriebene Schale und Saft
von 1 **Zitrone**
abgeriebene Schale und Saft
von 1 **Orange**
3 **Eier**
2 Esslöffel **Milch**
100 g **Butter,** zerlassen

Geben Sie das Mehl in eine Rührschüssel, dann die Hälfte des Zuckers sowie die Hälfte der Zitronen- und Orangenschale dazu. Die Eier und die Milch leicht miteinander
verquirlen, dann mit der zerlassenen Butter in die Schüssel geben. Alles zu einer geschmeidigen Masse verrühren.

Füllen Sie die Mischung löffelweise in eine 12-Mulden-
Muffin-Form. Im vorgeheizten Ofen bei 190 °C, Gasstufe
5, 12 – 15 Minuten backen, bis die Törtchen aufgegangen
und oben rissig sind und bei Berührung fest bleiben.

Bereiten Sie den Zitronen- und Orangensirup zu. Den
Rest des Zuckers und der abgeriebenen Zitrusschalen in
eine Schüssel geben. Die Fruchtsäfte durch ein Sieb dazugeben und dann alles vermischen, bis sich der Zucker
auflöst.

Sobald die Törtchen aus dem Ofen kommen, an den Rändern lösen und herausnehmen. Auf einer flachen Schale
anordnen, mehrmals mit einem Hölzchen oder einer Gabel in die Oberfläche stechen, und den Sirup nach und
nach über die Törtchen träufeln, bis er aufgesogen ist.
Abkühlen lassen. Die Törtchen möglichst frisch genießen!

Für Zitronensirup-Törtchen für die Mischung 2 Zitronen
nehmen, wie oben backen und die Törtchen dann mit
Zitronensirup beträufeln. Warm mit Vanilleeis serviert ist
dies ein köstlicher Nachtisch.

Orangen-Sultaninen-Scones

Ergibt **10**
Zubereitungszeit **20 Minuten**
Backzeit **10 Minuten**

375 g **mit Backpulver gemischtes Mehl** (oder 375 g
 Weizenmehl mit ⅔ Päckchen
 Backpulver zusammen
 durchgesiebt)
50 g **Butter**, gewürfelt
50 g **Streuzucker**, plus etwas
 Zucker extra zum Bestreuen
75 g **Sultaninen**
abgeriebene Schale von
 1 **Orange**
1 **Ei**, geschlagen
150–200 ml **Milch**

Zum Servieren
5 Esslöffel **Aprikosen-
 marmelade**
2 Becher (125 g) ungesüßte,
 geschlagene Sahne

Füllen Sie das Mehl in eine Rührschüssel oder eine Küchenmaschine. Die Butter dazugeben und mit den Fingerspitzen einreiben oder in der Maschine zerkleinern, bis die Mischung feinen Brotbröseln ähnelt. Den Zucker, die Sultaninen und die Orangenschale unterrühren.

Geben Sie bis auf 1 Esslöffel das Ei dazu, dann nach und nach so viel Milch, dass ein glatter, aber nicht klebriger Teig entsteht.

Kneten Sie den Teig etwas und rollen Sie ihn dann auf einer leicht bemehlten Fläche auf 1,5 cm Dicke aus. Mit einer glatten, runden Form Teigkreise mit 5,5 cm Durchmesser ausstechen. (Kommen Sie nicht in Versuchung, den Teig dünner auszurollen, um mehr Scones zu bekommen, sie werden dann nur mickrig aussehen). Auf ein leicht gefettetes Backblech setzen. Die Teigreste kneten und ausrollen und so lange Kreise ausstechen, bis Sie 10 Scones haben.

Bestreichen Sie die Scones mit dem restlichen Ei und streuen Sie Zucker darüber. Im vorgeheizten Ofen bei 200 °C, Gasstufe 6, 10–12 Minuten backen, bis sie schön aufgegangen und oben goldbraun sind. Auf dem Blech abkühlen lassen.

Servieren Sie die Scones warm oder abgekühlt, aufgeschnitten und mit Marmelade und geschlagener Sahne gefüllt. Am besten schmecken sie am Backtag.

Für Teekuchen die Scones wie oben zubereiten, aber statt der Orangenschale und der Sultaninen einen ½ Teelöffel gemahlenen Zimt nehmen. Die Scones mit 2 Esslöffeln Zucker, vermischt mit ½ Teelöffel gemahlenem Zimt bestreuen, bevor sie wie oben in den Ofen geschoben werden.

Ahorn-Pekan-Muffins

Ergibt **8**
Zubereitungszeit **10 Minuten**
Backzeit **20–25 Minuten**

300 g **mit Backpulver gemischtes Mehl** (oder 300 g
Weizenmehl mit ½ Päckchen
Backpulver zusammen
durchgesiebt)
1 Teelöffel **Backpulver extra**
125 g **brauner Zucker**
1 **Ei**
50 ml **Ahornsirup**
250 ml **Milch**
50 g **ungesalzene Butter**,
geschmolzen
125 g **weiße Schokolade**,
fein gehackt
75 g **Pekannüsse**,
grob gehackt (ersatzweise
Walnüsse)

Zum Garnieren
gehackte **Pekannüsse**
gehackte **weiße Schokolade**

Sieben Sie das Mehl und das Backpulver in eine Rührschüssel und rühren Sie den Zucker darunter. Das Ei, den
Ahornsirup, die Milch und die zerlassene Butter verrühren
und die trockenen Zutaten dazugeben. Die Schokolade
und die Pekannüsse unterheben.

Verteilen Sie die Masse gleichmäßig auf 8 Papierformen
in einer 12-Mulden-Muffin-Form und streuen Sie gehackte Nüsse und Schokolade darüber. Im vorgeheizten Ofen
bei 200 °C, Gasstufe 6, 20–25 Minuten backen, bis die
Törtchen aufgegangen und goldgelb sind. Auf einem
Kuchengitter auskühlen lassen.

Für Milchschoko-Walnuss-Muffins die Muffins wie oben
zubereiten, aber die weiße Schokolade durch 125 g fein
gehackte Milchschokolade und die Pekannüsse durch
75 g grob gehackte Walnüsse ersetzen.

Früchte-Pfannkuchen

Ergibt **30**
Zubereitungszeit **25 Minuten**
Backzeit **18 Minuten**

250 g **mit Backpulver gemischtes Mehl** (oder 250 g
Weizenmehl mit ½ Päckchen
Backpulver zusammen durchgesiebt)
125 g **Butter**, in Stücke
geschnitten
100 g **Streuzucker**, plus extra
zum Bestreuen
50 g **Korinthen**
50 g **Sultaninen**
1 Teelöffel **englische Gewür-
zemischung „mixed spice"**
(gemahlenen Zimt, Nelkenpul-
ver und Piment)
abgeriebene Schale von
½ **Zitrone**
1 **Ei**, geschlagen
1 Esslöffel **Milch**,
falls erforderlich
Öl zum Einfetten des Blechs

Füllen Sie das Mehl in eine Rührschüssel oder eine Küchenmaschine. Die Butter zugeben und mit den Fingerspitzen einreiben oder in der Maschine zerkleinern, bis
sich eine feinkrümelige Masse bildet. Den Zucker,
Trockenfrüchte, Gewürze und Zitronenschale unterrühren.

Geben Sie das Ei hinzu und gießen Sie nach und nach
Milch dazu, bis der Teig glatt ist. Etwas kneten und dann
auf einer leicht bemehlten Fläche 5 mm dick ausrollen.
Mit einer gezackten, runden Form 5-cm-Scheiben ausstechen. Die Teigreste nochmals kneten und ausrollen und
so lange ausstechen, bis der gesamte Teig verbraucht ist.

Gießen Sie etwas Öl auf ein Stück gefaltetes Küchenpapier und fetten Sie damit ein Kuchenblech oder eine beschichtete Bratpfanne ein. Die Pfanne oder das Blech erhitzen, dann die Kekse portionsweise hineingeben – das
Blech oder die Pfanne nach Bedarf nachfetten –, und bei
mittlerer bis niedriger Hitze von jeder Seite etwa 3 Minuten rösten, bis sie goldbraun und gar sind. Warm servieren, nach Wunsch mit etwas Zucker bestreuen oder mit
Butter bestreichen. In einer luftdicht verschlossenen Dose
bis zu 2 Tage lagern.

Für Orangen-Zimt-Pfannkuchen die abgeriebene Schale
von ½ Orange statt der Zitrone und 1 Teelöffel gemahlenen Zimt statt der Gewürzmischung nehmen. Dann wie
im obigen Rezept weiterarbeiten.

Osterbrötchen

Ergibt **12**
Zubereitungszeit **1 Stunde**
plus Ruhe- und Gehzeit
Backzeit **20 Minuten**

2 Esslöffel **aktive Trockenhefe**
1 Teelöffel **Zucker**
150 ml **Milch**, erhitzt
4 Esslöffel warmes **Wasser**
500 g **Vollkornweizenmehl**
1 Teelöffel **Salz**
½ Teelöffel gemahlene
   gemischte Gewürze (Zimt,
   Ingwer, Muskat, Nelken)
½ Teelöffel gemahlener **Zimt**
½ Teelöffel geriebene **Muskat-nuss**
50 g **Streuzucker**
50 g **Butter**, zerlassen und ab-gekühlt
1 **Ei**, geschlagen
125 g **Korinthen**
40 g klein gewürfeltes **Zitronat und Orangeat**
75 g fertig gekaufter **Mürbe-teig**

Für die Glasur
3 Esslöffel **Streuzucker**
4 Esslöffel **Milch und Wasser**

Verrühren Sie Hefe, Zucker, Milch und Wasser. 125 g Mehl untermischen und die Masse etwa 20 Minuten an einem warmen Ort gehen lassen. Restliches Mehl mit Salz, Gewürzen und Zucker in eine Schüssel sieben.

Geben Sie die Butter und das Ei in die Hefemischung. Diese in das Mehl gießen und kneten. In den festen, aber geschmeidigen Teig Orangeat und Zitronat geben. Falls nötig, Wasser zugießen.

Legen Sie den Teig auf eine bemehlte Arbeitsfläche und kneten Sie ihn kurz durch. In einer gefetteten Plastiktüte 1–1½ Stunden bei Raumtemperatur gehen lassen, bis er doppelt so groß ist. Auf bemehlter Fläche mit den Knöcheln kneten, damit die Luftblasen entweichen.

Teilen Sie den Hefeteig in 12 runde Teigstücke. Mit der Hand flachdrücken und mit Abstand auf ein bemehltes Backblech legen. Zugedeckt 20 – 30 Minuten an einem warmen Ort gehen lassen, bis er doppelt so groß ist. In der Zwischenzeit den anderen Teig dünn ausrollen und in 24 dünne, ca. 8 cm lange Streifen schneiden.

Befeuchten Sie die Streifen. Jeweils 2 mit der feuchten Seite nach unten kreuzweise über ein Brötchen legen. Im vorgeheizten Ofen bei 190 °C, Gasstufe 5, 20 Minuten backen, bis sie goldbraun und fest sind.

Lösen Sie für die Glasur den Zucker in der Milch und dem Wasser bei kleiner Hitze auf. Die Brötchen zweimal bestreichen. Warm, aufgeschnitten und mit Butter servieren.

Für würzig-süße Ingwer-Brötchen 125 g Trockenfrüchte statt Korinthen und 2 Esslöffel gehackten kandierten Ingwer statt Orangeat und Zitronat nehmen. Die Teigkreuze weglassen.

Churros

Ergibt **12**
Zubereitungszeit **20 Minuten**
Backzeit 6—9 Minuten

200 g **Mehl**
¼ Teelöffel **Salz**
5 Esslöffel **Streuzucker**
275 ml **Wasser**
1 **Ei**, geschlagen
1 **Eigelb**
1 Teelöffel **Vanilleextrakt**
1 Liter **Sonnenblumenöl**
1 Teelöffel **gemahlener Zimt**

Mischen Sie das Mehl, das Salz und 1 Esslöffel Zucker in einer Schüssel. Das Wasser in einen Topf gießen und zum Kochen bringen. Die Hitze abstellen, die Mehlmischung dazugeben und kräftig unterrühren. Dann die Hitze wieder hochstellen und rühren, bis sie eine glatte Kugel bildet, die sich leicht vom Topfrand löst. Vom Herd nehmen und 10 Minuten abkühlen lassen.

Nacheinander das ganze Ei, das Eigelb, dann die Vanille in die Mehlmischung einrühren, bis sie glatt ist. Mit dem Löffel in einen großen Spritzbeutel mit einer Lochtülle von 1 cm Durchmesser füllen.

Gießen Sie das Öl 2,5 cm hoch in einen mittelgroßen Topf. Auf 170 °C auf einem Zuckerthermometer erhitzen oder eine kleine Menge der Mischung mit dem Spritzbeutel in das Öl drücken. Wenn sofort Blasen aufsteigen, ist das Öl heiß genug. In kleinen Mengen Spiralen oder S-Formen ins Öl spritzen, dabei die Enden mit der Küchenschere abschneiden. Die Churros 2—3 Minuten unter Wenden frittieren, bis sie schwimmen und gleichmäßig goldbraun sind.

Nehmen Sie die Churros aus dem Öl. Auf Küchenpapier kurz abtropfen lassen, dann mit dem restlichen, mit Zimt gemischten Zucker bestreuen. Weiter spritzen und frittieren, bis die gesamte Masse aufgebraucht ist. Warm oder kalt servieren. Am besten schmecken sie frisch frittiert.

Für Orangen-Churros die abgeriebene Schale von 1 Orange zugeben und die Vanille weglassen. Weitermachen wie im Rezept oben angegeben. Zum Schluss mit Zucker bestreuen.

Ingwer-Muffins mit Schnee

Ergibt **12**
Zubereitungszeit **30 Minuten**,
    plus Gehzeit
Backzeit **10–15 Minuten**

125 g **Butter**
125 ml **Ahornsirup**
125 g heller **Roh-Rohrzucker**
    (Muskovade)
225 g **mit Backpulver ge-**
    mischtes Mehl (oder 225 g
    Weizenmehl mit knapp
    ½ Päckchen Backpulver zu-
    sammen durchgesiebt)
1 Teelöffel **Backpulver** extra
1 Teelöffel **gemahlener Ingwer**
2 **Eier**
125 ml **Milch**
3 Esslöffel **kandierter Ingwer**,
gehackt, plus extra zum Deko-
    rieren

Für die Glasur
200 g **Puderzucker**
5–6 Teelöffel **Wasser**
2 Stücke **kandierter Ingwer**,
    in Scheiben geschnitten

Geben Sie die Butter, den Sirup und den Zucker in einen Kochtopf. Unter Umrühren erhitzen, bis die Butter zerlassen ist. Das Mehl, das Backpulver und den gemahlenen Ingwer in einer Schüssel mischen. Die Eier und die Milch in einer anderen Schüssel verquirlen.

Nehmen Sie den Topf mit der Butter vom Herd und schlagen dann die Mehlmischung hinein. Nach und nach die Ei- und Milchmasse hineinschlagen, dann den gehackten kandierten Ingwer unterrühren.

Verteilen Sie den Teig gleichmäßig in Papierförmchen, die in eine 12-Mulden-Muffin-Form gesetzt sind. Die Minikuchen im vorgeheizten Ofen bei 180 °C, Gasstufe 4, 10 – 15 Minuten backen, bis sie schön aufgegangen sind und oben Risse bilden. In der Form abkühlen lassen.

Sieben Sie für die Glasur den Puderzucker in eine Schüssel. Nach und nach das Wasser zugeben, bis eine glatte Glasur entstanden ist, die mit dem Löffel verteilt werden kann. Von einem Löffel die Glasur in beliebigen Linien auf die Muffins tropfen lassen. Obenauf Ingwerscheibchen legen. Die Glasur vor dem Servieren 30 Minuten fest werden lassen.

Für Zimt-Orangen-Muffins den gemahlenen Ingwer durch 1 Teelöffel gemahlenen Zimt ersetzen und die geraspelte Schale von ½ Orange statt des kandierten Ingwers nehmen. In der Glasur das Wasser durch 4 – 5 Teelöffel Orangensaft ersetzen. Zum Verzieren etwas geraspelte Orangenschale nehmen.

Spritzgebäck

Ergibt **8**
Zubereitungszeit **20 Minuten**
Backzeit **15 Minuten**

100 g **Butter**,
  bei Raumtemperatur
50 g **Puderzucker**
2 **Eigelbe**
½ Teelöffel **Vanilleextrakt**
125 g **mit Backpulver ge-**
  mischtes Mehl (oder 125 g
  Weizenmehl mit ¼ Päckchen
  Backpulver zusammen
  durchgesiebt)
25 g **Maisstärke**
10 tiefgefrorene **Himbeeren**
1 Esslöffel **Erdbeer- oder**
  Himbeergelee
gesiebter **Puderzucker** zum
  Bestäuben

Rühren Sie die Butter und den Zucker in einer Rühr-schüssel schaumig. Nach und nach die Eigelbe und die Vanille unterrühren und dann portionsweise auch das Mehl und die Maisstärke unterrühren, bis der Teig geschmeidig ist.

Füllen Sie den Teig mit einem Löffel in einen großen Spritzbeutel mit Sterntülle. Daraus doppelt dicke Kreise in 8 Papierförmchen auf einem flachen Törtchenblech mit 12 Mulden spritzen. In die Mitte jedes Törtchens eine noch gefrorene Himbeere drücken.

Backen Sie das Spritzgebäck im vorgeheiztem Ofen bei 180 °C, Gasstufe 4, ungefähr 15 Minuten, bis es hellgelb ist. In der Form abkühlen lassen, dann mit dem Löffel klei-ne Häufchen Gelee in die Mitte jedes Minikuchens setzen und leicht mit gesiebtem Puderzucker bestäuben. Auf ei-nen Kuchenteller heben. Spritzgebäck schmeckt am bes-ten ganz frisch.

Für Zuckerkringel mit dem obigen Teig S-Formen auf ge-fettete Backbleche spritzen. Mit Liebesperlen oder Zu-ckerstreusel garnieren und 6–8 Minuten wie oben beschrieben goldgelb backen.

Heidelbeer-Zitronen-Muffins

Ergibt **12**
Zubereitungszeit **15 Minuten**
Backzeit **18–20 Minuten**

175 g **Vollkornmehl**
125 g **Mehl**
3 Teelöffel **Backpulver**
125 g heller **Roh-Rohrzucker**
  (Muskovade)
200 g **Heidelbeeren**
abgeriebene Schale und Saft
  von 1 **Zitrone**
4 Esslöffel **Oliven- oder
  Sonnenblumenöl**
50 g **Margarine** oder
Butter, zerlassen
3 **Eier**, verquirlt
150 ml **Milch**

Für die Zitronenglasur
125 g **Puderzucker**
Saft von ½ **Zitrone**

Mischen Sie die beiden Mehlsorten, Backpulver, Zucker und Heidelbeeren in einer Rührschüssel. Die restlichen Zutaten in einen Krug füllen und mit einer Gabel zusammenrühren. Zu den trockenen Zutaten geben und rasch mit einer Gabel unterheben.

Verteilen Sie die Masse gleichmäßig in Papierförmchen, die Sie in eine 12-Mulden-Muffin-Form setzen. Im vorgeheizten Ofen bei 190 °C, Gasstufe 5, 18 – 20 Minuten backen, bis sie schön aufgegangen sind und oben Risse bilden. 15 Minuten im Blech abkühlen lassen.

Machen Sie die Glasur. Den Puderzucker in eine Schüssel sieben und nach und nach so viel Zitronensaft untermischen, dass eine dünne Glasur entsteht. Die Muffins aus der Form nehmen und von einem Löffel Glasur in beliebigen Linien über die Muffins laufen lassen. Warten, bis die Glasur etwas fest geworden ist, und dann noch warm servieren.

Für Himbeer-Weiße-Schoko-Muffins ersetzen Sie die Heidelbeeren durch die gleich Menge frische Himbeeren. Wie oben backen, dann mit 125 g geschmolzener weißer Schokolade anstatt der Zitronenglasur beträufeln und, falls gewünscht, mit etwas geriebener weißer Schokolade bestreuen.

Cappuccino-Minikuchen

Ergibt **12**
Zubereitungszeit **30 Minuten**
Backzeit **12–14 Minuten**

3 Teelöffel **Instantkaffee**

2 Teelöffel **kochendes Wasser**

175 g **weiche Margarine**

175 g heller **Roh-Rohrzucker**
(Muskovade)

175 g **mit Backpulver gemischtes Mehl** (oder 175 g
Mehl mit ¼ Päckchen Back-
pulver zusammen durchge-
siebt)

½ Teelöffel **Backpulver**

3 **Eier**

Zum Garnieren

300 ml **Schlagsahne**

75 g **Borkenschokolade,
Vollmilch oder Zartbitter**

Lösen Sie den Kaffee in dem kochenden Wasser auf. Die
übrigen Kuchenzutaten in einer Rührschüssel oder einer
Küchenmaschine zu einem glatten Teig verrühren. Den aufgelösten Kaffee unterrühren. Den Teig gleichmäßig in die
gefetteten und mit Papierförmchen ausgelegten 12 Vertie-
fungen einer Muffin-Form füllen und oben glatt streichen.

Backen Sie die Kuchen im vorgeheizten Ofen bei 180 °C,
Gasstufe 4, 12–14 Minuten, bis sie schön aufgegangen
sind und unter dem sanften Druck der Fingerspitze nach-
geben. In der Form 5 Minuten abkühlen lassen, dann die
Ränder lösen, die Minikuchen herausnehmen und auf ein
Kuchengitter stürzen, das Papier lösen. Vollständig auskühlen lassen.

Drehen Sie jeden Kuchen um und schneiden Sie ihn waagerecht durch. Die Schlagsahne schlagen, bis sie Spitzen
zieht, dann zwischen die Hälften streichen und diese
zusammensetzen. Den Rest obenauf verteilen. Mit der Borkenschokolade bestreuen. Die Kuchen schmecken am
Backtag am leckersten.

Für Mini-Victoria-Sandwich-Cakes statt des aufgelösten
Kaffees 1 Teelöffel Vanilleextrakt in den Teig geben. Die
gebackenen Kuchen mit einer Schicht Erdbeermarmelade
und 150 ml geschlagener Sahne füllen. Die Oberseiten
mit gesiebtem Puderzucker bestäuben.

Lamingtons typisch australisches Gebäck

Ergibt **24**
Zubereitungszeit **20 Minuten**
plus Ruhezeit **über Nacht**
Backzeit **25–30 Minuten**

125 g **ungesalzene Butter**,
bei Raumtemperatur
125 g **Streuzucker**
2 **Eier**, leicht verquirlt
250 g **mit Backpulver gemischtes Mehl** (oder 250 g
Mehl mit ½ Päckchen Back-
pulver zusammen durchge-
siebt)
Prise **Salz**
4 Esslöffel **Milch**
1 Teelöffel **Vanilleextrakt**

Für die Glasur
400 g **Puderzucker**
100 g **Kakaopulver**
150–175 ml kochendes
Wasser
200 g **getrocknete
Kokosflocken**

Schlagen Sie die Butter und den Zucker in einer Rührschüssel schaumig. Die Eier nach und nach zugeben und
unterrühren, bis sie ganz aufgesogen sind. Das Mehl und
Salz hineinsieben und im Wechsel mit Milch und Vanille
unter die schaumige Masse ziehen. Oder alle Zutaten in
einer Küchenmaschine zu einem glatten Teig verarbeiten.

Geben Sie den Teig in eine geölte und ausgelegte 18 x
25 cm große Backform. Oben mit einem Palettenmesser
glattstreichen und im vorgeheizten Ofen bei 190 °C, Gasstufe 5, 25 – 30 Minuten backen, bis der Teig aufgegangen und bei Berührung fest ist. Den Kuchen 5 Minuten
in der Form ruhen lassen, dann die Ränder lösen, auf ein
Kuchengitter stürzen und das Backpapier abziehen. Über
Nacht stehen lassen.

Machen Sie die Glasur. Den Puderzucker und das
Kakaopulver in eine Schüssel sieben, in die Mitte eine
Vertiefung drücken und das kochende Wasser unter-
schlagen, bis eine glatte Masse entsteht.

Schneiden Sie den abgekühlten Kuchen in 24 Stücke.
Mit Hilfe von zwei Gabeln jedes Stück in die Glasur tau-
chen und dann sofort in den Kokosflocken wälzen. Auf
Backpapier abkühlen lassen.

Für Himbeersplits den abgekühlten Kuchen der Länge
nach halbieren und mit 6 Esslöffeln Himbeermarmelade
bestrichen wieder zusammensetzen. 200 g Puderzucker
in eine Schüssel sieben und mit 5 – 6 Teelöffeln kaltem
Wasser zu einer streichfähigen Glasur vermischen. Auf
dem Kuchen verteilen und mit Zuckerstreusel garnieren.
30 Minuten fest werden lassen, dann in 24 Vierecke
schneiden.

Schokoladenmuffins

Ergibt **12**
Zubereitungszeit **20 Minuten**
Backzeit **15–18 Minuten**

275 g **Mehl**
25 g **Kakaopulver**
3 Teelöffel **Backpulver**
150 g **Streuzucker**
75 g **Butter**, zerlassen
3 **Eier**, geschlagen
150 ml **Milch**
1 Teelöffel **Vanilleextrakt**
200 g **weiße Schokolade**,
fein gehackt
100 g **Vollmilch- oder Zartbitterschokolade**, in Stücke
gebrochen

Sieben Sie das Mehl, das Kakaopulver und das Backpulver in eine Rührschüssel. Den Zucker zugeben und verrühren.

Geben Sie die zerlassene Butter, die geschlagenen Eier, Milch und Vanille dazu. Mit der Gabel bearbeiten, bis alles fast vermischt ist. Die gehackte weiße Schokolade unterheben.

Füllen Sie die Masse in Papierförmchen, die in eine 12-Mulden-Muffin-Form gesetzt sind. Im vorgeheizten Ofen bei 200 °C, Gasstufe 6, 18–20 Minuten backen, bis sie schön aufgegangen sind. In der Form 5 Minuten auskühlen lassen und dann auf ein Kuchengitter legen.

Schmelzen Sie die Vollmilch- oder Zartbitterschokolade in einer hitzebeständigen Schüssel, die über einen Topf mit köchelndem Wasser gehängt wird. Dann die Schokolade in beliebigen Linien über jedes Muffin laufen lassen.

Servieren Sie die Muffins warm oder kalt. Am besten schmecken sie am Backtag.

Für Weiße-Schoko-Preiselbeer-Muffins 40 g getrocknete Preiselbeeren 10 Minuten in 2 Esslöffeln kochendem Wasser einweichen. Anstelle der Mischung aus Mehl und Kakaopulver 300 g Mehl nehmen. Weitermachen wie im Rezept oben und die getrockneten, eingeweichten Preiselbeeren zusammen mit der gehackten weißen Schokolade zugeben. Den Guss aus geschmolzener Schokolade weglassen und mit etwas gesiebtem Puderzucker bestäubt servieren.

Bananen-Sultaninen-Pfannkuchen

Ergibt **10**
Zubereitungszeit **10 Minuten**
Backzeit **8 Minuten**

125 g **mit Backpulver gemischtes Mehl** (oder 125 g
Mehl mit ¼ Päckchen Back-
pulver zusammen durchge-
siebt)

2 Esslöffel **Streuzucker**

½ Teelöffel **Backpulver** extra

1 kleine reife **Banane**, ungefähr 125 g mit Schale, geschält und zerdrückt

1 **Ei**, verquirlt

150 ml **Milch**

50 g **Sultaninen**

Öl zum Einfetten

**Butter, klarer Honig, Zucker-
oder Ahornsirup** zum Servieren

Füllen Sie das Mehl, den Zucker und das Backpulver in eine Rührschüssel. Die zerdrückte Banane mit dem Ei zugeben. Nach und nach die Milch mit einer Gabel
untermischen, bis ein glatter Teig entsteht. Die Sultaninen
unterrühren.

Gießen Sie etwas Öl auf ein Stück gefaltetes Küchenpapier und fetten Sie damit eine beschichtete Bratpfanne
ein. Die Pfanne erhitzen, dann gehäufte Dessertlöffel von
der Mischung mit etwas Abstand hineingeben. Zwei Minuten backen, bis an der Oberseite Blasen entstehen und die
Unterseiten goldbraun sind. Wenden und 1 – 2 Minuten
weiterrösten, bis die zweite Seite goldbraun ist.

Servieren Sie die Pfannkuchen warm, mit Butter, Honig,
Zucker- oder Ahornsirup. Am besten schmecken sie am
Backtag.

Für Sommerbeeren-Pfannkuchen das gleiche Rezept befolgen, aber statt der Sultaninen 125 g frische Heidelbeeren und Himbeeren in den Teig rühren.

Pikante Birnen-Preiselbeer-Muffins

Ergibt **12**
Zubereitungszeit **20 Minuten**
Backzeit **15–18 Minuten**

40 g getrocknete **Preisel-
    beeren**
2 Esslöffel **kochendes Wasser**
3 kleine reife **Birnen**
300 g **Mehl**
3 Teelöffel **Backpulver**
1 Teelöffel **gemahlener Zimt**
½ Teelöffel **geriebene Mus-
    katnuss**
125 g **Streuzucker**,
plus extra zum Bestreuen
50 g **Butter**, zerlassen
3 Esslöffel **Olivenöl**
3 **Eier**
150 g **Magerjoghurt**

Füllen Sie die Preiselbeeren in eine Tasse. Das kochende Wasser zugeben und die Beeren 10 Minuten einweichen. In der Zwischenzeit die Birnen vierteln, entkernen,
schälen und würfeln.

Geben Sie das Mehl, das Backpulver, die Gewürze und
den Zucker in eine Rührschüssel. Die zerlassene Butter,
das Öl, die Eier und den Joghurt mit einer Gabel in
einer anderen Schüssel vermengen, dann in die Mehlmischung schütten.

Gießen Sie die Preiselbeeren ab. Mit den Birnen zur
Mehlmischung geben und zügig unterheben, dann mit
dem Löffel in Papierförmchen füllen, die in eine 12-Mul-
den-Muffin-Form gesetzt sind. Mit etwas Streuzucker
bestreuen.

Backen Sie die Muffins im vorgeheizten Ofen bei 200 °C,
Gasstufe 6, 15–18 Minuten, bis sie schön aufgegangen
und goldbraun sind. In der Form 5 Minuten abkühlen lassen, dann auf ein Kuchengitter legen. Warm oder kalt
servieren. Am besten schmecken sie am Backtag.

Für Heidelbeer-Preiselbeer-Muffins die gewürzten Birnen
aus dem obigen Rezept weglassen und stattdessen 125 g
frische Heidelbeeren und die geriebene Schale von 1 Zitrone nehmen und zusammen mit den eingeweichten Preiselbeeren unter die Mehlmischung heben. Mit dem obigen
Rezept weitermachen.

Erdbeer-Lavendel-Sandgebäck

Ergibt **8**
Zubereitungszeit **30 Minuten**
Backzeit **10–12 Minuten**

150 g **Mehl**
25 g **Reismehl**
125 g **Butter,** gewürfelt
50 g **Streuzucker**
1 Esslöffel **Lavendelblütenblätter**

Zum Garnieren
250 g **Erdbeeren** (oder eine
Mischung aus Erdbeeren
und Himbeeren)
150 ml **Schlagsahne**
16 kleine **Lavendelblüten**
(wahlweise)
gesiebter **Puderzucker** zum
Bestäuben

Geben Sie das Mehl und das Reismehl in eine Rührschüssel oder eine Küchenmaschine. Die Butter mit den Fingerspitzen einreiben oder in der Maschine zerkleinern, bis die Mischung feinen Brotbröseln ähnelt.

Rühren Sie den Zucker und die Lavendelblütenblätter unter und drücken Sie die feinkrümelige Masse mit bemehlten Händen zu einer glatten Kugel zusammen. Etwas kneten, dann auf einer bemehlten Arbeitsfläche 5 mm dick ausrollen. Mit einer runden, gezackten Form 7,5-cm-Kreise ausstechen. Auf ein ungefettetes Blech legen. Die Teigreste nochmals kneten und ausrollen und ausstechen, bis Sie insgesamt 16 Kekse haben.

Mit einer Gabel einstechen, im vorgeheizten Ofen bei 160 °C, Gasstufe 3, 10–12 Minuten goldgelb backen. Auf dem Backblech abkühlen lassen.

Zum Servieren 4 der Erdbeeren halbieren, entstielen und den Rest in Scheiben schneiden. Die Schlagsahne schlagen und mit dem Löffel auf 8 der Kekse geben. Diese und auch die übrigen Kekse mit Erdbeerscheiben bedecken. Die restliche Sahne mit dem Löffel obenauf geben. Mit den halben Erdbeeren und, falls gewünscht, mit Lavendelzweigen garnieren. Mit gesiebtem Puderzucker bestäuben. Die Kekse schmecken am besten an dem Tag, an dem sie gefüllt werden, aber die ungefüllten Kekse können Sie in einer luftdicht verschlossenen Dose bis zu 3 Tage lagern.

Für Zitrone-Heidelbeer-Sandgebäck dasselbe Rezept befolgen, aber statt der Lavendelblütenblätter die abgeriebene Schale von 1 Zitrone zum Keksteig geben. Mit geschlagener Sahne und 150 g frischen Heidelbeeren füllen.

Aprikosen-Sonnenblumen-Muffins

Ergibt **12**
Zubereitungszeit **20 Minuten**
Backzeit **15–18 Minuten**

300 g **mit Backpulver gemischtes Vollkornmehl**

1 Teelöffel **Backpulver** extra

150 g heller **Roh-Rohrzucker**
(Muskovade)

abgeriebene Schale von
1 **Orange**

3 **Eier**

200 ml vollfette **Crème
fraîche**

225 g **Dosenaprikosenhälf-
ten in Natursaft** und grob
gehackt, den Saft aufheben

3 Esslöffel **Sonnenblumenkerne**

Verrühren Sie das Mehl, das Backpulver, den Zucker und
die Orangenschale in einer Rührschüssel.

Schlagen Sie die Eier in einer kleineren Schüssel und mischen Sie dann die Crème fraîche unter. Mit den gehackten
Aprikosen in die Mehlmischung geben und mit der Gabel
kurz untermischen. 2–3 Esslöffel des aufgehobenen Saftes der Dosenaprikosen zugeben, damit der Teig eine mit-
telfeste Konsistenz erhält und mit dem Löffel verteilt werden kann.

Füllen Sie die Masse mit dem Löffel in Papierförmchen, die
in eine 12-Mulden-Muffin-Form gesetzt werden. Sonnen-
blumensamen darüber streuen. Im vorgeheizten Ofen bei
200 °C, Gasstufe 6, 15–18 Minuten backen, bis sie schön
aufgegangen sind und an der Oberfläche aufplatzen. In der
Form 5 Minuten abkühlen lassen, dann auf ein Kuchengitter legen. Warm oder kalt servieren. Am besten schmecken
diese Muffins am Backtag.

Für Pfirsich-Orangen-Muffins statt der Dosenaprikosen
und ihrem Saft das gewürfelte Fruchtfleisch von 1 großen Pfirsich, die abgeriebene Schale von 1 Orange und
2–3 Esslöffel Orangensaft zum obigen Muffin-Grundteig
geben. Mit dem Rezept wie oben angegeben weitermachen.

Bananen-Karamell-Meringes

Ergibt **8**
Zubereitungszeit **30 Minuten**
Backzeit **1–1¼ Stunden**

3 Eiweiße
100 g heller **Roh-Rohrzucker**
  (Muskovade)
75 g **Streuzucker**

Zum Garnieren
1 kleine reife **Banane**
1 Esslöffel **Zitronensaft**
150 ml **Schlagsahne**
8 Esslöffel fertige **Karamell-**
  soße

Schlagen Sie die Eiweiße in einer großen sauberen Schüssel steif. Nach und nach die beiden Zuckerarten teelöffelweise einrieseln lassen, bis alles verbraucht ist. Ein paar Minuten weiterschlagen, bis die Meringe-Mischung steif ist und glänzt.

Nehmen Sie mit einem Dessertlöffel ein ordentliches Häufchen Meringe-Mischung und schieben Sie die Mischung dann mit einem zweiten Löffel auf ein großes, mit nicht haftendem Backpapier ausgelegtes Backblech, sodass ovale Meringes entstehen. Weitermachen, bis die Mischung aufgebraucht ist.

Backen Sie die Meringes im vorgeheizten Ofen bei 110 °C, Gasstufe 1-2, 1–1¼ Stunden, bis sie fest sind und sich leicht vom Papier abnehmen lassen. Noch auf dem Backpapier abkühlen lassen.

Zum Servieren die Banane mit dem Zitronensaft grob vermischen. Die Sahne schlagen, bis sie weiche Spitzen zieht, dann 2 Esslöffel von der Karamellsoße unterschlagen. Mit der zerdrückten Banane vermengen, dann damit die Meringes paarweise zusammensetzen und in Papierförmchen anordnen. Mit der restlichen Karamellsoße beträufeln und sofort servieren. Ungefüllte Meringes können in einer luftdicht verschlossenen Dose bis zu 3 Tage aufbewahrt werden.

Für Kaffee-Karamell-Meringes die Meringes wie oben zubereiten. Für die Füllung die Sahne schlagen, dann 1–2 Teelöffel Instantkaffee, in einem Teelöffel kochendem Wasser aufgelöst, einrühren. Die Meringes damit paarweise zusammensetzen. Karamellsoße über die Oberseite der Meringes träufeln.

Haselnuss-Heidelbeer-Törtchen

Ergibt **12**

Zubereitungszeit **20 Minuten**

Backzeit **20 Minuten**

3 **Eier**

150 ml fettreduzierte **Crème fraîche**

150 g **Streuzucker**

50 g fein gemahlene **Haselnüsse**

175 g **Mehl**

1½ Teelöffel **Backpulver**

125 g frische **Heidelbeeren**

15 g **Haselnüsse**, grob gehackt

gesiebter **Puderzucker** zum Bestäuben

Geben Sie die Eier, die Crème fraîche und den Zucker in eine Rührschüssel. Zu einer glatten Masse verrühren. Die gemahlenen Haselnüsse, Mehl und Backpulver zugeben und vermischen.

Füllen Sie die Mischung mit einem Löffel in Papierförmchen, die in eine 12-Mulden-Muffin-Form gesetzt sind. Die Heidelbeeren gleichmäßig auf sie verteilen und leicht in die Mischung drücken. Mit den gehackten Haselnüssen bestreuen.

Backen Sie die Törtchen im vorgeheizten Ofen bei 180 °C, Gasstufe 4, ungefähr 20 Minuten, bis sie aufgegangen und goldbraun sind. Die Oberseiten mit etwas gesiebtem Puderzucker bestäuben und in der Form abkühlen lassen. Die Törtchen schmecken am besten am Backtag.

Für Mandel-Himbeer-Törtchen das obige Rezept befolgen, aber 50 g gemahlene Mandeln anstelle der gemahlenen Haselnüsse und anstelle der Heidelbeeren die gleiche Menge Himbeeren nehmen. Die Oberseiten der Kuchen mit 15 g Mandelblättchen bestreuen und wie oben angegeben backen.

Herbe Zitronen-Törtchen

Ergibt **12**
Zubereitungszeit **25 Minuten**
Backzeit **15–18 Minuten**

125 g weiche **Margarine**
125 g **Streuzucker**
2 **Eier**, verquirlt
125 g **mit Backpulver vermischtes Mehl**
abgeriebene Schale und Saft
von 1 **Zitrone**
175 g **Puderzucker**, gesiebt
**gelbe oder rosa Lebensmit-
telfarbe**
Zuckerblüten zum Dekorieren

Verrühren Sie die Margarine, den Zucker, die Eier, Mehl und Zitronenschale in einer Rührschüssel oder einer Küchenmaschine zu einer glatten Masse.

Verteilen Sie die Masse gleichmäßig in Aluförmchen, die in eine 12-Mulden-Muffin-Form gesetzt sind, und streichen Sie dann die Oberflächen glatt. Im vorgeheizten Ofen bei 180 °C, Gasstufe 4, 15–18 Minuten backen, bis die Minikuchen goldbraun sind und unter dem sanften Druck der Fingerspitze nachgeben. In der Form abkühlen lassen.

Mischen Sie den Puderzucker mit 4–5 Teelöffel Zitronensaft, sodass eine geschmeidige, streichbare Masse entsteht. Bei Bedarf die Oberflächen glatt schneiden. Mit dem Löffel die Hälfte der Glasur über die Hälfte der Minikuchen und mit einem angefeuchteten Messer mit runder Klinge vorsichtig glatt streichen.

Färben Sie die restliche Glasur hellgelb oder rosa und verteilen Sie sie mit dem Löffel über die übrigen Minikuchen. Mit selbstgemachten pastellfarbenen Blüten, die aus Fertigglasur ausgestochen werden, oder mit gekauften Zuckerblüten dekorieren. 30 Minuten fest werden lassen. Bis zu 3 Tage in einer luftdicht verschlossenen Dose haltbar.

Für Bonbon-Törtchen statt der Zitronenschale 1 Teelöffel Vanilleextrakt in die Teigmischung geben. Statt des Zitronensaftes 6–7 Teelöffel Wasser zum Puderzucker geben und glatt rühren. Eine Hälfte blassrosa und die andere blau färben. Mit dem Löffel über die Törtchen verteilen. Die Törtchen statt mit Zuckerblüten mit kleinen Bonbons verzieren.

Vollkorn-Scones mit Sirup

Ergibt **14**
Zubereitungszeit **15 Minuten**
Backzeit **6–8 Minuten**

400 g **Weizenvollkornmehl**,
  plus extra zum Bestreuen
  (wahlweise)
50 g **Butter**, gewürfelt
50 g heller **Roh-Rohrzucker**
  (Muskovade)
3 Teelöffel **Backpulver**
1 Teelöffel **Natron**
8 Esslöffel **Magerjoghurt**
2 Esslöffel **Melasse**
  (schwarzer Zuckersirup)
1 **Ei**, verquirlt

Zum Servieren
500 ml **Crème frâiche**
375 g **Erdbeermarmelade**
  im Glas

Geben Sie das Mehl in eine Rührschüssel oder eine Küchenmaschine. Die Butter zugeben und mit den Fingerspitzen in das Mehl reiben oder in der Maschine zerkleinern, bis die Mischung feinen Brotbröseln ähnelt.

Rühren Sie das Backpulver in den Joghurt. Dann mit der Melasse in die Mehlmischung geben. Nach und nach so viel verquirltes Ei zugeben, dass ein weicher, aber nicht klebriger Teig entsteht. Kurz kneten, dann auf einer leicht bemehlten Arbeitsfläche 2 cm dick ausrollen.

Stechen Sie zügig mit einer runden Form Teigscheiben mit einem Durchmesser von 5,5 cm aus. Auf ein gefettetes Backblech legen. Die Teigreste nochmals kneten und weiter ausrollen und ausstechen, bis der gesamte Teig verbraucht ist. Auf das Backblech legen und, je nach Wunsch, oben mit etwas Mehl bestreuen oder unbestreut lassen.

Backen Sie die Scones im vorgeheizten Ofen bei 220 °C, Gasstufe 7, 6–8 Minuten, bis sie schön aufgegangen und gebräunt sind. Die Scones warm oder kalt servieren, aufgeschnitten und mit Crème frâiche und Marmelade bestrichen. Am besten schmecken sie am Backtag.

Für Dattel-Walnuss-Scones das obige Grundrezept backen, aber gleich nach der Zugabe der Melasse 100 g gehackte, getrocknete Datteln und 40 g gehackte Walnüsse in die Scone-Mischung geben. Wie im Rezept oben weiterbacken.

Mokka-Törtchen

Ergibt **12**

Zubereitungszeit **15 Minuten**
plus Abkühlzeit

Backzeit **20 Minuten**

250 ml **Wasser**

250 g **Streuzucker**

125 g ungesalzene **Butter**

2 Esslöffel **Kakaopulver**,
gesiebt

½ Teelöffel **Natron**

2 Esslöffel **Instantkaffee**

225 g **mit Backpulver
vermischtes Mehl**

2 **Eier**, leicht verquirlt

12 **schokolierte Kaffeebohnen** zum Dekorieren

Für die Glasur

150 g **dunkle Schokolade**,
in Stücke gebrochen

150 g **ungesalzene Butter**,
in Würfel geschnitten

2 Esslöffel **Zuckersirup**

Geben Sie das Wasser und den Zucker in eine Kasserolle. Bei kleiner Hitze umrühren, bis der Zucker sich aufgelöst hat. Die Butter, das Kakaopulver, das Natron und den Instantkaffee unterrühren und zum Kochen bringen. Dann 5 Minuten köcheln lassen, vom Herd nehmen und abkühlen lassen.

Schlagen Sie das Mehl und die Eier in die abgekühlte Kaffee-Schoko-Mischung, bis sie geschmeidig ist. Die Mischung gleichmäßig auf Aluförmchen verteilen, die in einer 12-Mulden-Muffin-Form angeordnet sind. Den Teig im vorgeheizten Ofen bei 180 °C Gasstufe 4, 20 Minuten backen, bis er aufgegangen und fest ist. Zum Abkühlen auf ein Kuchengitter legen.

Machen Sie die Glasur. Die Schokolade, die Butter und den Sirup in eine hitzebeständige, über einen Topf mit schwach köchelndem Wasser gehängte Schüssel füllen und umrühren, bis die Masse geschmolzen ist. Vom Herd nehmen und bei Raumtemperatur abkühlen lassen. Im Kühlschrank dick werden lassen. Über die Törtchen streichen, schokolierte Kaffeebohnen drauflegen und ruhen lassen.

Für Doppelschoko-Törtchen den Instantkaffee in der Teigmischung weglassen und die Glasur mit weißer Borkenschokolade statt mit den Schoko-Kaffeebohnen dekorieren.

Himbeer-Kokos-Friands

Ergibt **9**

Zubereitungszeit **10 Minuten**

Backzeit **18–20 Minuten**

75 g **Mehl**

200 g **Puderzucker**

125 g **gemahlene Mandeln**

50 g **getrocknete Kokosflocken**

geriebene Schale von

1 **Zitrone**

5 **Eiweiße**

175 g **ungesalzene Butter**,
zerlassen

125 g **Himbeeren**

Sieben Sie das Mehl und den Puderzucker in eine Rührschüssel und rühren Sie die gemahlenen Mandeln, die
Kokosflocken und die Zitronenschale unter.

Schlagen Sie die Eiweiße in einer großen, sauberen Schüssel schaumig. Unter die trockenen Zutaten heben. Die geschmolzene Butter zugeben und rühren, bis alles gut ver-
bunden ist.

Geben Sie die Mischung mit einem Löffel in 9 leicht gefettete, rechteckige oder ovale Backförmchen (oder auf ein
flaches Törtchenblech). Auf jedes Friand ein paar Himbeeren legen und bei 200 °C, Gasstufe 6, 18–20 Minuten backen, bis ein in die Mitte gestochenes Holzstäbchen beim
Herausziehen sauber bleibt. In den Förmchen 5 Minuten
abkühlen lassen, dann auf ein Kuchengitter stürzen und
vollständig auskühlen lassen.

Für Aprikosen-Pistazien-Friands die getrockneten Kokosflocken durch 50 g geschälte und gehackte Pistazien
und die Himbeeren durch die gleiche Menge gewürfelte,
frische Aprikosen ersetzen. Weitermachen, wie im obigen
Rezept angegeben.

Plätzchen & Kekse

Doppeldecker-Kekse

Ergibt 12
Zubereitungszeit **15 Minuten**
Backzeit **16 – 20 Minuten**

100 g **Mehl**
1 Teelöffel **Backpulver**
½ Teelöffel **Natron**
½ Teelöffel **gemahlener Zimt**
½ Teelöffel **gemahlener
  Ingwer**
¼ Teelöffel **gemahlener Nel-
  kenpfeffer**
fein abgeriebene Schale von
  1 **Zitrone**
50 g **Butter**, gewürfelt
50 g **Streuzucker**
2 Esslöffel **Stärkesirup**

Mischen Sie das Mehl, das Backpulver, das Natron, die Gewürze und die Zitronenschale in einer Rührschüssel. Die Butter zugeben und mit den Fingerspitzen in das Mehl reiben, bis die Mischung feinen Brotbröseln ähnelt.

Rühren Sie den Zucker unter. Den Sirup dazugeben, und dann alles zuerst mit einem Löffel mischen, die Krümel mit den Händen zusammendrücken und eine Kugel formen.

Formen Sie den Teig zu einer Rolle, die Sie in 12 Stücke schneiden. Aus jedem Stück eine Kugel formen und diese auf zwei große, gefettete Backbleche legen. Dabei zwischen den Keksen Platz lassen, weil sie sich beim Backen ausdehnen.

Backen Sie ein Blech nach dem anderen auf der mittleren Einschubleiste des vorgeheizten Ofens bei 180 °C, Gasstufe 4, 8 – 10 Minuten, bis die Plätzchen an der Oberseite schön aufreißen und goldbraun sind.

Lassen Sie die Plätzchen 1 – 2 Minuten hart werden. Dann vom Blech lösen und zum Abkühlen auf ein Kuchengitter legen. In einer verschlossenen Dose bis zu 3 Tage frisch.

Für Schoko-Ingwer-Jojos das obige Rezept befolgen, aber 1 Teelöffel gemahlenen Ingwer statt der 3 Gewürze und die abgeriebene Schale von 1/2 kleinen Orange statt von 1 Zitrone nehmen. Zu 20 kleineren Keksen formen, 5 – 6 Minuten wie oben angegeben backen, dann auf einem Kuchengitter auskühlen. 75 g dunkle Schokolade schmelzen, dann mit einer kleinen Menge davon die Kekse paarweise zusammensetzen. Den Rest auf die Kekse träufeln. Servieren, wenn die Schokolade fest geworden ist.

Osterplätzchen

Ergibt **18**
Zubereitungszeit **20 Minuten**
Backzeit **10 Minuten**

250 g **Mehl**
50 g **Maismehl**
175 g **Butter**, gewürfelt
100 g **Streuzucker**
ein paar Tropfen
  Vanilleextrakt

Zum Garnieren
1 **Eiweiß**
250 g **Puderzucker**, gesiebt
1 Teelöffel **Zitronensaft**
Auswahl an **flüssigen** oder
  cremigen Lebensmittelfar-
  ben

Geben Sie das Mehl und das Maismehl in eine Rührschüssel oder eine Küchenmaschine. Die Butter zugeben und mit den Fingerspitzen in das Mehl reiben oder in der Maschine zerkleinern, bis sich eine feinkrümelige Masse bildet. Zucker und Vanille unterrühren, dann die Krümel mit den Händen zu einer glatten Kugel formen.

Kneten Sie den Teig kurz und rollen ihn dann auf einer bemehlten Arbeitsfläche dünn aus. Österliche Formen ausstechen und auf ungefettete Backbleche legen. Die Teigreste nochmals kneten und ausrollen und ausstechen, bis der ganze Teig verbraucht ist.

Stechen Sie mit einer Gabel in die Formen. Dann im vorgeheizten Ofen bei 180 °C, Gasstufe 4, 10 Minuten backen, bis sie goldgelb sind. Auf dem Backblech abkühlen lassen.

Machen Sie die Glasur. Das Eiweiß in eine Schüssel geben. Nach und nach den Puderzucker und den Zitronensaft zugeben, bis die Masse eine weiche Konsistenz hat. Wasser zugeben, falls sie zu dick wird. Auf 2 oder mehr Schüsseln verteilen und nach Belieben färben.

Füllen Sie die Glasur mit dem Löffel in Pergamenpapiertütchen. Die Spitzen abschneiden und am Rand der Kekse entlangspritzen. 10 Minuten fest werden lassen. Die übrige Fläche des Plätzchens mit Glasur in derselben Farbe füllen. Trocknen lassen. Zum Schluss die Konturen und Gesichter mit weißer Glasur auf die farbige Fläche spritzen.

Für Zahlenkekse das obige Rezept befolgen, dann den Keksteig ausrollen und mit Spezialformen große Zahlen ausstechen. Backen, mit farbiger Glasur überziehen und mit Zuckerperlen garnieren.

Schokoladen-Florentiner

Ergibt **26**
Zubereitungszeit **30 Minuten**
Backzeit **15 – 20 Minuten**

100 g **Butter**
100 g **Streuzucker**
75 g **kandierte Kirschen** in mehreren Farben, grob gehackt
75 g **Mandelblättchen**
50 g **Sukkade**, fein gehackt
50 g **Haselnüsse**, grob gehackt
2 Esslöffel **Mehl**
150 g **dunkle Schokolade**, in Stücke gebrochen

Geben Sie die Butter und den Zucker in eine Kasserolle. Vorsichtig erhitzen, bis die Butter zerlassen und der Zucker aufgelöst ist. Die Kasserolle vom Herd nehmen und alle Zutaten bis auf die Schokolade unterrühren.

Setzen Sie die Mischung esslöffelweise und mit genügend Abstand auf 3 mit Backpapier ausgelegte Backbleche. Die Häufchen etwas flach drücken. Die Bleche nacheinander auf der mittleren Einschubleiste des vorgeheizten Ofens bei 180 °C, Gasstufe 4, 5 – 7 Minuten goldbraun backen.

Nachdem Sie die Backbleche aus dem Ofen genommen haben, säubern und formen Sie die Ränder der gebackenen Kekse, indem Sie einen etwas größeren runden Ausstecher drüberstülpen und hin- und herdrehen. Abkühlen lassen.

Schmelzen Sie die Schokolade in einer hitzebeständigen Schüssel, die über einen Topf mit schwach köchelndem Wasser gehängt wird. Die Kekse vom Backpapier nehmen und umgekehrt auf ein Kuchengitter legen. Die geschmolzene Schokolade mit dem Löffel über die flache Unterseite der Kekse geben und glattstreichen. Abkühlen und fest werden lassen.

Für Weiße-Schoko-Ingwer-Florentiner 2 Esslöffel gehackten, kandierten Ingwer zu den kandierten Kirschen und der Sukkade-Nuss-Mischung geben. Die gebackenen Plätzchen mit geschmolzener weißer Schokolade anstatt mit dunkler Schokolade bestreichen.

Ingwer-Schneemänner

Ergibt **12**
Zubereitungszeit **30 Minuten**
Backzeit **7 – 8 Minuten**

150 g **Mehl**
50 g **Streuzucker**
1 Teelöffel **gemahlener Ingwer**
100 g **Butter**, gewürfelt
24 kleine **Silberkugeln** oder **Bonbons**
50 g fertige **Fondantmasse**
50 g fertige **blaue Glasur**
kleine Tube **schwarze Schreibglasur**

Für die Glasur
125 g **Puderzucker**
Prise **gemahlener Ingwer**
5 Teelöffel **Wasser**

Geben Sie das Mehl, den Zucker und den gemahlenen Ingwer in eine Rührschüssel oder eine Küchenmaschine. Die Butter zugeben und mit den Fingerspitzen einreiben oder mit der Maschine zerkleinern, bis die Mischung feinkrümelig ist.

Weiter vermischen oder die Krümel mit den Händen zu einer glatten Kugel formen. Kurz durchkneten, dann zwischen zwei Bögen Backtrennpapier dünn ausrollen.

Stechen Sie Schneemänner mit einem 10 cm langen Förmchen aus. Dann auf ungefettete Backbleche legen. Im vorgeheizten Ofen bei 180 °C, Gasstufe 4, 7 – 8 Minuten goldbraun backen. Auf den Backblechen abkühlen lassen, dann auf ein Kuchengitter legen.

Sieben Sie für die Glasur den Puderzucker und den gemahlenen Ingwer in eine Schüssel. Nach und nach das Wasser zugeben. Mit einem Löffel über die Kekse geben und über die Ränder träufeln lassen. Die Silberkugeln oder Bonbons für die Augen aufsetzen, dann trocknen und härten lassen.

Dekorieren Sie die Schneemänner mit Schals und Pudelmützen aus der Fertigglasur, die Troddeln mit etwas Wasser ankleben. Kleine, schwarze, lächelnde Münder aufspritzen. Vor dem Servieren 1 Stunde fest werden lassen.

Für Halloween-Kürbisse den Ingwer in der Mischung durch 1 Teelöffel gemahlenen Zimt ersetzen. Mit einer glatten, runden Form 7-cm-Kreise ausstechen und wie oben backen. Die Glasur aus 175 g Puderzucker und 6 – 7 Teelöffel frischem Orangensaft bereiten und mit Lebensmittelfarbe orange färben. Mit dem Löffel über die Kekse geben und etwas ruhen lassen. Die Gesichter aus gelber, schwarzer und grüner Fertigglasur dekorieren.

Kaffee-Küsse

Ergibt **10**

Zubereitungszeit **25 Minuten**
 plus Kühlzeit

Backzeit **8 – 10 Minuten**

2 Teelöffel **Instantkaffee**

1 Teelöffel **kochendes Wasser**

75 g **Butter**, bei Raumtemperatur

50 g heller **Roh-Rohrzucker** (Muskovade)

125 g **mit Backpulver gemischtes Mehl** (oder 125 g Mehl mit ¼ Päckchen Backpulver zusammen durchgesiebt).

Für die Füllung

2 Teelöffel **Instantkaffee**

2 Teelöffel **kochendes Wasser**

50 g **Butter**, bei Raumtemperatur

100 g **Puderzucker**, gesiebt

Lösen Sie den Kaffee in kochendem Wasser auf. Die Butter und den Zucker in einer Rührschüssel schaumig schlagen. Den gelösten Kaffee zugeben, dann nach und nach das Mehl untermischen, sodass ein glatter, geschmeidiger Teig entsteht.

Formen Sie den Teig zu einer Rolle. Dann 15 Minuten in den Kühlschrank stellen. Die gekühlte Rolle in 20 Stücke schneiden. Jedes Stück zu einer Kugel rollen, auf 2 gefettete Backbleche legen und mit einer Gabel etwas flach drücken. Im vorgeheizten Ofen bei 180 °C, Gasstufe 4, 8 – 10 Minuten braun backen. Die Kekse 5 Minuten abkühlen lassen, dann auf einem Kuchengitter vollständig auskühlen lassen.

Machen Sie die Füllung. Den Kaffee im kochenden Wasser auflösen. Die Butter und den Puderzucker verrühren und dann in den gelösten Kaffee geben, bis die Masse glatt und locker ist. Die Kekse damit paarweise zusammensetzen. Innerhalb von 2 Tagen verzehren.

Für Schokoladen-Küsse den gelösten Kaffee aus dem Keksteig weglassen und durch 15 g Kakaopulver für die gleiche Menge Mehl ersetzen. Wie oben formen, dann statt des gelösten Kaffees 50 g geschmolzene Milchschokolade für die Füllung verwenden.

Ahornkekse

Ergibt **40**
Zubereitungszeit **20 Minuten**
    plus Ruhezeit
Backzeit **12 – 15 Minuten**

6 Esslöffel **Ahornsirup**
50 g **Streuzucker**
1 Teelöffel **Natron**
1 **Eigelb**
100 g **Butter**, zerlassen
150 g **Mehl**
¼ Teelöffel **gemahlener Zimt**
75 g **dunkle Schokolade**, in
    Stücke gebrochen
75 g **weiße Schokolade**, in
    Stücke gebrochen

Rühren Sie den Ahornsirup, den Zucker, das Natron und das Eigelb in die zerlassene Butter. Dann das Mehl und den Zimt unterrühren. Zu einem glatten, geschmeidigen Teig verarbeiten.

Setzen Sie die Mischung teelöffelweise und mit genügend Abstand auf mit Backpapier ausgelegte Backbleche. Im vorgeheizten Ofen bei 190 °C, Gasstufe 5, 4 – 5 Minuten goldbraun backen. Etwa 1 – 2 Minuten hart werden lassen, dann lösen und auf einem Kuchengitter ablegen.

Schmelzen Sie die dunkle und die weiße Schokolade in zwei hitzebeständigen Schüsseln, die über Töpfe mit schwach köchelndem Wasser gehängt werden.

Halten Sie einen Keks über eine der Schüsseln. Mit einem Löffel etwas Schokolade über die Hälfte des Kekses geben und mit dem Löffelrücken verstreichen. Den Keks wieder auf dem Kuchengitter ablegen. Auf die gleiche Art die Hälfte der Kekse mit dunkler, die andere Hälfte mit weißer Schokolade überziehen. Etwa 30 Minuten an einen kühlen Ort stellen, damit die Schokolade hart wird. In einer luftdicht verschlossenen Dose bis zu 2 Tage aufbewahren, dabei die Schichten durch Backpapier oder Pergamentpapier trennen.

Für Honigkekse Honig statt Ahornsirup und gemahlenen Ingwer statt gemahlenem Zimt verwenden. Kurz vor dem Backen braunen Zucker über die Kekse streuen, anstatt sie hinterher mit geschmolzener Schokolade zu überziehen.

Mandeltaler

Ergibt **14**
Zubereitungszeit **25 Minuten**
Backzeit **15 Minuten**

175 g **Mehl**
50 g **gemahlene Mandeln**
50 g **Streuzucker**
ein paar Spritzer **Mandelessenz**
150 g **Butter**, gewürfelt

Zum Verzieren
25 g **ganze blanchierte Mandeln**, halbiert
2 **kandierte Kirschen**, in kleine Stücke geschnitten
extra **Streuzucker** zum
Bestreuen

Geben Sie das Mehl, die gemahlenen Mandeln, den Zucker
und die Mandelessenz in eine Rührschüssel oder eine Küchenmaschine. Die Butter zugeben und mit den Fingerspitzen einreiben oder mit der Maschine einarbeiten, bis die
Mischung feinen Brotkrümeln ähnelt.

Drücken Sie die Mischung mit Ihren Händen zusammen
und formen Sie eine Kugel daraus. Kurz durchkneten, dann
auf einer leicht bemehlten Arbeitsfläche 1 cm dick ausrollen. Mit einer runden gezackten Form 6-cm-Kreise ausstechen. Auf ein ungefettetes Backblech setzen. Die Teigreste
nochmals kneten und weiter ausrollen und ausstechen, bis
der gesamte Teig verbraucht ist.

Stechen Sie in jeden Mürbeteigkeks 4-mal mit einer Gabel,
sodass eine Kreuzform entsteht. Dann je eine Mandelhälfte
in den Raum zwischen den Einstichen legen. Die Mitte mit
einem kleinen Stück kandierter Kirsche verzieren. Mit etwas Streuzucker bestreuen und im vorgeheizten Ofen bei
160 °C Gasstufe 3, ungefähr 15 Minuten goldgelb backen.

Lösen Sie die Kekse vom Blech. Zum Abkühlen dort lassen
oder auf ein Kuchengitter legen.

Für Orangenblütentaler die gemahlenen Mandeln aus dem
Teig weglassen und die Buttermenge auf 125 g reduzieren. Nach Geschmack 2 Teelöffel Orangenblütenwasser
zugeben. Backen wie angegeben, dann mit gesiebtem
Puderzucker bestäuben. Die Kekse allein oder zu Kompott
oder Mousse servieren.

Linzer Plätzchen

Ergibt **16**
Zubereitungszeit **35 Minuten**
Backzeit **16 Minuten**

50 g **Haselnüsse**
225 g **Mehl**
75 g **Streuzucker**
150 g **Butter**, gewürfelt
fein abgeriebene Schale
  von ½ **Zitrone**
1 **Eigelb**
4 Esslöffel **Himbeergelee**
gesiebter **Puderzucker** zum
  Bestäuben

Mahlen Sie die Haselnüsse in einem Mixer oder einer Kaffeemühle sehr fein. Beiseite stellen.

Geben Sie das Mehl und den Zucker in eine Rührschüssel oder eine Küchenmaschine. Die Butter zugeben und mit den Fingerspitzen einreiben oder in der Maschine zerkleinern, bis die Mischung feinen Brotbröseln ähnelt. Die gemahlenen Haselnüsse und die Zitronenschale unterrühren, dann das Eigelb untermischen und die Mischung mit den Händen zu einem festen Teig formen.

Kneten Sie ihn kurz und rollen Sie dann die Hälfte des Teiges auf einer leicht bemehlten Arbeitsfläche 1 cm dick aus. Mit einer runden, gezackten Form 5,5-cm-Kreise ausstechen. Auf ein ungefettetes Backblech legen. Mit einer kleinen stern- oder herzförmigen Form 2,5-cm-Herzen oder -Sterne aus der Mitte der Hälfte der Plätzchen ausstechen.

Backen Sie die ersten Plätzchen im vorgeheizten Ofen bei 160 °C, Gasstufe 3, ungefähr 8 Minuten, bis sie hellgoldbraun sind, dann mit dem übrigen Teig wiederholen.

Lassen Sie die Plätzchen 1 – 2 Minuten hart werden. Dann vom Blech lösen und zum Abkühlen auf ein Kuchengitter legen.

Verteilen Sie das Gelee gleichmäßig auf die Mitte der ungelochten Plätzchen. Rasch so verstreichen, dass der Rand der Plätzchen frei bleibt. Mit den gelochten Plätzchen bedecken, mit etwas Puderzucker bestäuben und vor dem Servieren vollständig abkühlen lassen.

Für Orangen-Aprikosen-Sandwichkekse statt der Zitrone die abgeriebene Schale von ½ kleinen Orange zugeben und die Kekse mit Aprikosenmarmelade zusammensetzen.

Weihnachtsbaumschmuck

Ergibt **20**
Zubereitungszeit **35 Minuten**
 plus Kühlzeit
Backzeit **10 – 12 Minuten**

125 g **Butter**, bei Raumtemperatur
125 g **Streuzucker**
2 **Eigelbe**
1 Esslöffel **Kakaopulver**
1 Teelöffel **gemahlener Zimt**
175 g **Mehl**

Für die Glasur
150 g **Puderzucker**, gesiebt
4 – 5 Teelöffel **Eiweiß** oder
 Wasser

Schlagen Sie die Butter und den Zucker in einer Rührschüssel schaumig. Die Eigelbe, das Kakaopulver und
den Zimt unterrühren, dann nach und nach das Mehl
zugeben, sodass ein geschmeidiger Teig entsteht. Für
15 Minuten in den Kühlschrank stellen.

Rollen Sie den Teig zwischen 2 Bögen Backpapier 5 mm
dick aus. Weihnachtliche Figuren mit Ausstechförmchen
von 7,5 cm Durchmesser ausstechen. Auf gefettete Backbleche setzen. Die Teigreste nochmals kneten und weiter
ausrollen und ausstechen, bis der ganze Teig verbraucht ist.

Bohren Sie mit dem Griff eines Teelöffels ein kleines Loch
in jeden Keks. Dann bei 180 °C, Gasstufe 4, 10 – 12 Minuten backen, bis die Kekse leicht gebräunt sind. Das Loch in
jedem Keks nachstechen, dann auf den Backblechen abkühlen lassen.

Vermischen Sie den Puderzucker und das Eiweiß oder
Wasser zu einer dickflüssigen Glasur. Mit dem Löffel in eine
Spritztüte aus Pergament füllen, die Spitze abschneiden
und Linien, Punkte und Kringel auf die Kekse spritzen. Fest
werden lassen, dann schmale Bänder durch die Löcher fä-
deln und an den Weihnachtsbaum oder an weiß gemalte
Zweige in einer Vase hängen.

Für Orangen-Gewürz-Herzen das obige Rezept nachba-
cken, aber das Kakaopulver weglassen, einen zusätzlichen
Esslöffel Mehl zugeben und die abgeriebene Schale von
1 Orange unterrühren. Den gemahlenen Zimt durch 1 Teelöffel gemahlene Weihnachtsgewürze (z. B. Zimt, Nelken,
Kardamom) ersetzen. Aus dem Teig herzförmige Kekse
ausstechen, Löcher für Bänder hineinbohren, backen und
dekorieren wie oben angegeben.

Klassisches Mürbegebäck

Ergibt **16**
Zubereitungszeit **15 Minuten**
plus Kühlzeit
Backzeit **18 – 20 Minuten**

250 g **ungesalzene Butter**,
bei Raumtemperatur
125 g **Streuzucker**, plus extra
zum Bestreuen
250 g **Mehl**
125 g **Reismehl**
Prise **Salz**

Rühren Sie die Butter und den Zucker in einer Rührschüssel oder einer Küchenmaschine schaumig. Das Mehl, das Reismehl und das Salz sieben und zugeben, alles rasch kneten oder in der Maschine verarbeiten, bis alle Zutaten gut vermengt sind.

Legen Sie den Teig auf eine Arbeitsfläche. Kurz durchkneten, um einen weichen Teig zu erhalten. Zu einer Scheibe formen, in Klarsichtfolie wickeln und 30 Minuten im Kühlschrank ruhen lassen.

Halbieren Sie den Teig und rollen Sie jedes Stück auf einer leicht bemehlten Arbeitsfläche zu einer 20-cm-Scheibe aus. Auf 2 ungefettete Backbleche legen. Mit einem scharfen Messer jede Teigscheibe in 8 gleiche Keile teilen, mit einer Gabel einstechen und mit den Fingern die Ränder wellen.

Streuen Sie etwas Streuzucker darüber. Im vorgeheizten Ofen bei 190 °C, Gasstufe 5, 18 – 20 Minuten goldgelb backen. Aus dem Ofen nehmen und noch heiß entlang der Markierungen in Keile schneiden. Auf dem Backblech 5 Minuten abkühlen lassen, dann auf einem Kuchengitter vollständig auskühlen lassen. In einer luftdicht verschlossenen Dose lagern.

Für Pistazien-Mürbegebäck einfach 50 g Reismehl durch 50 g abgezogene und sehr fein gehackte Pistazien ersetzen. Mit dem Rezept weitermachen wie oben beschrieben.

Karamell-Plätzchen mit Kirschstücken

Ergibt **18**
Zubereitungszeit **15 Minuten**
Backzeit **10 – 12 Minuten**

75 g **Butter** bei Raumtemperatur
75 g **Streuzucker**
75 g heller **Roh-Rohrzucker** (Muskovade)
1 Teelöffel **Vanilleextrakt**
1 **Ei**, verquirlt
175 g **mit Backpulver gemischtes Mehl** (oder 175 g Mehl mit ⅓ Päckchen Backpulver zusammen durchgesiebt)
100 g oder 4 **Schoko-Karamell-Riegel**, gehackt
75 g **kandierte Kirschen**, grob gehackt

Füllen Sie die Butter, den Zucker und die Vanille in eine Rührschüssel. Cremig rühren. Das Ei und das Mehl zugeben und glatt rühren.

Rühren Sie den Karamell und die Kirschen hinein. Dann mit dem Löffel 18 Häufchen auf 2 mit Backpapier ausgelegte Backbleche setzen und dabei ausreichend Abstand lassen, damit die Kekse sich beim Backen ausdehnen können.

Backen Sie die Kekse im vorgeheizten Ofen bei 180 °C, Gasstufe 4, 10 – 12 Minuten goldbraun. 1 – 2 Minuten fest werden lassen, dann vom Blech lösen, auf ein Kuchengitter heben und vollständig auskühlen lassen. Am besten schmecken die Plätzchen am Backtag.

Für Schoko-Pistazien-Plätzchen statt des Karamells und der Kirschen 125 g gewürfelte dunkle Schokolade und 50 g grob gehackte, gehäutete Pistazien zugeben. Wie oben backen, dann paarweise mit Häufchen Vanilleeiskrem zusammensetzen. Sofort servieren.

Drei-Schokoladen-Brezeln

Ergibt **40**
Zubereitungszeit **30 Minuten**
   plus Geh- und Ruhezeit
Backzeit **6 – 8 Minuten**

225 g **helles Weizenmehl**
1 Teelöffel **aktive Trockenhefe**
2 Teelöffel **Streuzucker**
große Prise **Salz**
15 g zerlassene **Butter** oder
   Sonnenblumenöl
125 ml **warmes Wasser**
je 75 g **dunkle, weiße und
   Milchschokolade**, in Stücke
   gebrochen

Für die Glasur
2 Esslöffel **Wasser**
½ Teelöffel **Salz**

Mischen Sie das Mehl, die Hefe, den Zucker und das Salz in einer Schüssel. Die zerlassene Butter oder das Öl zugeben und nach und nach das warme Wasser unterrühren, bis der Teig glatt ist. Den Teig 5 Minuten kneten, bis er geschmeidig ist.

Schneiden Sie den Teig in Viertel und dann jedes Viertel in 10 kleinere Stücke. Jedes Stück zu einem ca. 20 cm langen Strang rollen. Den Strang so biegen, dass er einen Bogen bildet, dann eines der Enden nach oben ziehen und etwa in halber Höhe des Bogens andrücken. Das andere Ende genauso hochziehen, um das erste Ende schlingen und andrücken.

Heben Sie die Brezeln auf 2 große, gefettete Backbleche. Mit leicht geölter Klarsichtfolie lose abdecken und an einem warmen Ort 30 Minuten gehen lassen.

Machen Sie die Glasur. Das Wasser und das Salz in einer Schüssel mischen, bis das Salz aufgelöst ist, dann die Brezeln damit bestreichen. Im vorgeheizten Ofen bei 200 °C, Gasstufe 6, 6 – 8 Minuten goldbraun backen. Auf einem Kuchengitter auskühlen lassen.

Schmelzen Sie die Schokoladen in 3 hitzebeständigen Schüsseln, die über Töpfe mit köchelndem Wasser gehängt werden. Mit einem Löffel die dunkle Schokolade in beliebigen Linien über die Brezeln laufen lassen. Fest werden lassen, dann mit der weißen und der Milchschokolade genauso verfahren.

Für klassische Brezeln die Brezeln sofort, wenn sie aus dem Ofen kommen, mit einer Glasur bestreichen; dazu 2 Teelöffel Salz und ½ Teelöffel Streuzucker in 2 Esslöffeln Wasser in einem Topf erhitzen, bis sie sich auflösen.

Drei-Schokoladen-Cookies

Ergibt **20**
Zubereitungszeit **15 Minuten**
Backzeit **8 – 10 Minuten**

75 g **Butter**, bei Raumtemperatur
175 g heller **Roh-Rohrzucker** (Muskovade)
1 **Ei**
150 g **mit Backpulver gemischtes Mehl** (oder 150 g Mehl mit ¼ Päckchen Backpulver zusammen durchgesiebt)
2 Esslöffel **Kakaopulver**
100 g **weiße Schokolade**, gehackt
100 g **Milchschokolade**, gehackt

Schlagen Sie die Butter und den Zucker in einer Rührschüssel cremig. Das Ei, das Mehl und das Kakaopulver unterrühren und zu einem glatten Teig vermischen.

Rühren Sie die gehackte Schokolade unter. Dann mit einem Löffel 20 Häufchen auf 2 mit Backpapier ausgelegte Backbleche setzen und dabei genügend Abstand lassen, damit die Kekse sich beim Backen ausdehnen können.

Backen Sie die Cookies im vorgeheizten Ofen bei 180 °C, Gasstufe 4, 8 – 10 Minuten goldbraun. 1 – 2 Minuten fest werden lassen, dann vom Blech lösen, auf ein Kuchengitter heben und vollständig abkühlen lassen. Am allerbesten schmecken die Cookies am Backtag.

Für Schoko-Vanille-Haselnuss-Cookies das obige Grundrezept befolgen, aber das Kakaopulver weglassen und die Menge des Mehls auf 175 g erhöhen. Die weiße Schokolade weglassen und stattdessen 50 g grob gehackte Haselnüsse und 1 Teelöffel Vanilleextrakt verwenden.

Sandgebäck mit Holunderblütensahne

Ergibt **8**
Zubereitungszeit **20 Minuten**
Backzeit **10 – 15 Minuten**

250 g **mit Backpulver gemischtes Mehl** (oder 250 g
Mehl mit ½ Päckchen Back-
pulver zusammen durchge-
siebt)
2 Teelöffel **Backpulver** extra
75 g **ungesalzene Butte**r,
gewürfelt
40 g **Streuzucker**
1 **Ei**, leicht verquirlt
2 – 3 Esslöffel **Milch**
15 g **Butter**, zerlassen
250 g **Erdbeeren**, entstielt
und in Scheiben geschnitten
Puderzucker zum Bestäuben

**Für die Holunderblüten-
creme**
300 ml **Schlagsahne**
2 Esslöffel **Holunderblütensirup**

Sieben Sie das Mehl und das Backpulver in eine Rührschüssel oder eine Küchenmaschine. Die Butter zugeben
und mit den Fingerspitzen einreiben oder in der Maschine
zerkleinern, bis die Mischung Brotkrümeln ähnelt. Den Zucker unterrühren. Nach und nach das Ei zugeben und weiterrühren, bis die Mischung ein Teig wird.

Rollen Sie den Teig auf einer leicht bemehlten Arbeitsfläche 1 cm dick aus. Mit einem runden Keksausstecher
8 x 7 cm große Teigscheiben ausstechen. Auf ein großes,
leicht eingeöltes Backblech legen und jede Scheibe mit
etwas zerlassener Butter bestreichen.

Backen Sie die Kekse im vorgeheizten Ofen bei 200°C,
Gasstufe 6, 10 – 15 Minuten, bis sie aufgegangen und
goldgelb sind. Aus dem Ofen nehmen und auf einem
Kuchengitter abkühlen lassen. Solange die Kekse noch
warm sind, waagerecht durchschneiden und wieder auf das
Kuchengitter legen, wo sie vollständig auskühlen.

Machen Sie die Holunderblütencreme. Die Sahne und den
Holunderblütensirup in eine Rührschüssel geben und verschlagen, bis sie dickflüssig sind. Die Creme auf die untere
Hälfte jedes Kuchens streichen, eine Schicht Erdbeerscheiben und die oberen Hälften obenauf legen. Mit Puderzucker bestäubt servieren.

Für Himbeer-Sahne-Sandgebäck die Kekse wie oben backen. Mit der gleichen Menge Sahne, vermischt mit 2 Esslöffeln Puderzucker, füllen. Auf die Sahne 250 g Himbeeren legen und die oberen Hälften obenauf legen.

Schoko-Chili-Plätzchen

Ergibt **12**
Zubereitungszeit **20 Minuten**
Backzeit **16 – 20 Minuten**

100 g **Mehl**
1 Esslöffel **Kakaopulver**
1 Teelöffel **Backpulver**
½ Teelöffel **Natron**
½ Teelöffel **gemahlener Zimt**
50 g heller **Roh-Rohrzucker**
 (Muskovade)
50 g **Butter**, gewürfelt
¼ Teelöffel **Chili-Flocken**
2 Esslöffel **Stärkesirup**
100 g **dunkle Schokolade**,
 fein gehackt

Rühren Sie alle trockenen Zutaten in einer Rührschüssel oder einer Küchenmaschine zusammen. Die Butter und die Chili-Flocken zugeben und mit den Fingerspitzen einreiben oder in der Maschine zerkleinern, bis die Mischung feinen Brotkrümeln ähnelt.

Geben Sie den Sirup zu. Dann erst mit einem Löffel vermengen, danach mit den Händen zusammendrücken und zu einer Kugel formen.

Rühren Sie vorsichtig die gehackte Schokolade ein. Dann den Teig zu einer Rolle formen und in 12 Stücke schneiden. Jedes Stück zu einer Kugel rollen und auf 2 große gefettete Backbleche legen. Die Bleche nacheinander auf die mittlere Einschubleiste des vorgeheizten Ofens schieben und bei 180 °C, Gasstufe 4, 8 – 10 Minuten backen, bis die Plätzchen braun sind und an der Oberfläche etwas aufreißen.

Lassen Sie die Plätzchen 1 – 2 Minuten abkühlen. Dann vom Blech nehmen und auf ein Kuchengitter legen. Diese Plätzchen schmecken frisch gebacken und noch leicht warm am allerbesten.

Für Schoko-Ingwer-Plätzchen die Plätzchen genauso wie oben backen, aber statt Chili-Flocken und gemahlenem Zimt 2 Esslöffel fertig gehackten kandierten Ingwer nehmen.

Erdnussbutter-Plätzchen

Ergibt **32**
Zubereitungszeit **10 Minuten**
Backzeit **12 Minuten**

125 g **ungesalzene Butter**
  bei Raumtemperatur
150 g **brauner Zucker**
125 g **Erdnussbutter**
1 **Ei**, leicht verquirlt
150 g **Mehl**
½ Teelöffel **Backpulver**
125 g **ungesalzene Erdnüsse**

Schlagen Sie die Butter und den Zucker in einer Rühr-schüssel oder einer Küchenmaschine schaumig. Die Erd-nussbutter, das Ei, das Mehl und das Backpulver zugeben und gut miteinander verrühren. Die Erdnüsse unterheben.

Klecksen Sie große Teelöffelportionen der Mischung auf 3 große, leicht geölte Backbleche. Dabei 5 cm Abstand zwischen den Häufchen lassen, damit sie sich während des Backens ausbreiten können.

Drücken Sie die Häufchen etwas flach. Im vorgeheizten Ofen bei 190 °C, Gasstufe 5, 12 Minuten backen, bis sie an den Rändern goldbraun werden. Auf den Backblechen 2 Minuten abkühlen lassen, dann auf ein Kuchengitter legen und vollständig abkühlen lassen.

Für Erdnussbutter-Plätzchen mit Schoko-Chips nur 50 g ungesalzene Erdnüsse verwenden und 50 g Milchschoko-lade-Chips zugeben. Dann die Plätzchen wie oben zube-reiten und backen.

Sultaninen-Kümmel-Kekse

Ergibt **14**
Zubereitungszeit **20 Minuten**
Backzeit **8 – 10 Minuten**

200 g **Mehl**

1 Teelöffel **Backpulver**

1 Teelöffel **Kümmelsamen**,
  grob zerdrückt

abgeriebene Schale von
  ½ **Zitrone**

75 g **Streuzucker**, plus extra
  zum Bestreuen

75 g **Butter**, gewürfelt

50 g **Sultaninen**

1 **Ei**, verquirlt

1 – 2 Esslöffel **Milch**

Mischen Sie das Mehl und das Backpulver in einer Rührschüssel oder einer Küchenmaschine. Dann die zerdrückten Kümmelsamen, die Zitronenschale und den Zucker zugeben. Die Butter zugeben und mit den Fingerspitzen einreiben oder in der Maschine einarbeiten, bis die Mischung feinen Brotkrümeln ähnelt.

Rühren Sie die Sultaninen, dann das Ei und genug Milch unter, damit die Mischung einen weichen, aber nicht klebrigen Teig ergibt.

Kneten Sie den Teig kurz. Dann auf einer leicht bemehlten Arbeitsfläche 5 mm dick ausrollen. Mit einem gezackten runden Keksausstecher 7,5-cm-Kreise ausstechen. Auf ein gefettetes Backblech legen. Die Teigreste nochmals kneten und weiter ausrollen und ausstechen, bis der Teig ganz aufgebraucht ist.

Stechen Sie mit einer Gabel in die Kekse. Dann mit etwas Streuzucker bestreuen und im vorgeheizten Ofen bei 180 °C, Gasstufe 4, 8 – 10 Minuten hellbraun backen. Zum Abkühlen auf ein Kuchengitter legen. In einer luftdicht verschlossenen Dose bis zu 5 Tagen aufbewahren.

Für Fenchel-Orangen-Kekse die Kümmelsamen und die Zitronenschale im obigen Rezept durch 1 Teelöffel grob zerdrückte Fenchelsamen und die abgeriebene Schale von ½ kleinen Orange ersetzen. Das Rezept wie oben angegeben zu Ende backen.

Hafer-Ingwer-Knusperkekse

Ergibt **25**
Zubereitungszeit **20 Minuten**
Backzeit **24 – 30 Minuten**

100 g **Butter**
1 Esslöffel **Stärkesirup**
100 g **Streuzucker**
1 Teelöffel **Natron**
1 Teelöffel **gemahlener
Ingwer**
2 Esslöffel fertig gehackter
kandierter Ingwer
100 g **Vollkornmehl**
125 g **Haferflocken**

Geben Sie die Butter, den Sirup und den Zucker in eine Kasserolle. Vorsichtig erwärmen und umrühren, bis die Butter zerlassen und der Zucker aufgelöst ist. Die Kasserolle vom Herd nehmen, dann das Natron, den gemahlenen und den gehackten Ingwer einrühren. Das Mehl und die Haferflocken zugeben und gründlich vermengen.

Klacksen Sie gehäufte Teelöffelportionen der Mischung auf 3 leicht gefettete Backbleche. Genügend Abstand zwischen den Keksen lassen, damit sie sich beim Backen ausdehnen können.

Backen Sie die Bleche nacheinander auf der mittleren Einschubleiste des vorgeheizten Ofens bei 180 °C, Gasstufe 4, 8 – 10 Minuten, bis die Kekse rissig und goldbraun sind. Etwa 1 – 2 Minuten fest werden lassen, dann vom Blech lösen und zum Abkühlen auf ein Kuchengitter legen. In einer geschlossenen Dose bis zu 3 Tage aufbewahren.

Für Orangen-Knusperkekse den gemahlenen und den kandierten Ingwer weglassen und stattdessen die abgeriebene Schale von ½ kleinen Orange verwenden. Mit dem Rezept wie oben angegeben weitermachen.

Limone-Pistazie-Haselnuss-Biskotti

Ergibt **30**
Zubereitungszeit **20 Minuten**
Backzeit **43 – 48 Minuten plus**
Abkühlzeit

2 **Eier**
100 g **Streuzucker**
200 g **Mehl**
75 g **gemahlene Mandeln**
oder Haselnüsse
1 gehäufter Teelöffel **Back-**
pulver
abgeriebene Schale von
2 **Limonen**
Prise **Salz**
40 g **gehäutete Pistazien**,
grob gehackt
25 g **Haselnüsse**, gehackt

Schlagen Sie die Eier und den Zucker in einer Rührschüssel schaumig. Mit einem Holzlöffel langsam das Mehl, die gemahlenen Mandeln oder Haselnüsse, das Backpulver, die Limonenschale und das Salz einarbeiten.

Geben Sie die gehackten Pistazien und Haselnüsse zu. Kurz zu einem weichen Teig verkneten. Den Teig zu einer etwa 25 cm langen und 10 cm dicken Rolle formen, dann mit der Hand etwas flach drücken.

Heben Sie den Teig auf ein gefettetes Backblech. Im vorgeheizten Ofen bei 180 °C, Gasstufe 4, 35 – 40 Minuten hellgelb backen. Aus dem Ofen nehmen und 5 Minuten abkühlen lassen, dann mit einem gekerbten Messer in 5 mm dicke Scheiben schneiden.

Ordnen Sie die Biskotti direkt auf einer Grillpfanne an. Unter einem vorgeheizten, niedrig eingestellten Grill ungefähr 4 Minuten von jeder Seite knusprig und goldbraun rösten. Auf ein Kuchengitter heben und abkühlen lassen.

Für Zitrone-Makadamia-Biskotti die abgeriebene Schale von 1 Zitrone statt der Limonenschale und 65 g Makadamia-Nüsse anstatt der Pistazien und Haselnüsse zugeben. Mit dem oben angegebenen Rezept weitermachen.

Kokos-Pistazien-Kühlschrankkekse

Ergibt **20**
Zubereitungszeit **25 Minuten**
  plus Kühlzeit
Backzeit **8 – 10 Minuten**

150 g **Butter**, bei Raumtemperatur
150 g **Streuzucker**
abgeriebene Schale von
  1 **Limone**
1 **Ei**
50 g **getrocknete Kokosflocken**
200 g **Mehl**
50 g **gehäutete Pistazien**,
  fein gehackt

Rühren Sie die Butter mit dem Zucker in einer Rührschüssel schaumig. Die Limonenschale, das Ei und die Kokosflocken zugeben und glatt verrühren. Nach und nach das
Mehl unterrühren.

Geben Sie die Mischung mit dem Löffel auf Back- oder
Pergamentpapier. Zu einer ungefähr 35 cm langen Rolle
formen. Den Teig in den gehackten Pistazien hin- und her-
rollen, dann in dem Papier einwickeln und die Enden zu-
sammendrehen. Mindestens 15 Minuten oder bis zu 3 Tage
in den Kühlschrank stellen.

Zum Servieren aus dem Papier wickeln und so viele Kekse
abschneiden wie gewünscht. Auf einem gefetteten Blech
anordnen und im vorgeheizten Ofen bei 180 °C, Gasstufe 4,
8 – 10 Minuten gelbbraun backen. Etwa 5 Minuten abkühlen lassen, dann auf ein Kuchengitter heben und ganz abkühlen lassen. Die Kekse schmecken am allerbesten frisch.

Für Vanille-Demerara-Plätzchen die Limone und die getrockneten Kokosflocken weglassen und stattdessen 1 Teelöffel Vanilleextrakt in die Mischung geben. Den Teig statt
in den Pistazien in 4 Esslöffeln Demerara-Zucker wälzen.
Wie oben Keksscheiben abschneiden und backen.

Kuchen vom Blech

Shortbread mit Schokoladenstückchen

Für **12** Stücke
Zubereitungszeit **15 Minuten**
Backzeit **20 – 25 Minuten**

150 g **Mehl**
25 g **Maisstärke**
125 g **Butter**, gewürfelt
50 g **Streuzucker**
75 g **Milchschokolade**,
 gehackt

Für das Finish
etwas **gemahlener Zimt**
1 Esslöffel **Streuzucker**

Geben Sie das Mehl und die Maisstärke in eine Rühr-schüssel oder eine Küchenmaschine. Die Butter zugeben und mit den Fingerspitzen einreiben oder in der Maschine verarbeiten, bis die Masse feinen Brotkrümeln ähnelt. Den Zucker und die Schokolade einrühren, dann mit den Hän-den die Krumen zusammendrücken und eine Kugel formen.

Verstreichen Sie die Teigmasse in einer flachen, ungefette-ten Kuchenform mit 18 cm Durchmesser. Den Teig mit ei-ner Gabel mehrmals einstechen. Den Zimt und den Zucker vermischen und die Hälfte über den Teig streuen. Im vorge-heizten Ofen bei 160 °C, Gasstufe 3, 20 – 25 Minuten hell-braun backen.

Nehmen Sie das Blech aus dem Ofen. Auf dem Teig 12 Streifen markieren. Mit der restlichen Zimt-Zucker-Mischung bestreuen und in der Form abkühlen lassen. Das Shortbread nun ganz durchschneiden und aus der Form nehmen. In einer luftdicht verschlossenen Dose bis zu 5 Tage aufbewahren.

Für Zitronen-Shortbread-Finger die abgeriebene Schale von 1 Zitrone zum Mehl geben und die Milchschokolade und den gemahlenen Zimt weglassen. Den Shortbread-Teig in der Kuchenform verstreichen und wie oben ange-geben backen.

Marmeladenschnitten

Für **9** Stücke
Zubereitungszeit **10 Minuten**
Backzeit **15 – 20 Minuten**

125 g **Butter**
125 g **Stärkesirup**
125 g heller **Roh-Rohrzucker**
(Muskovade)
125 g **Haferflocken**
125 g **mit Backpulver
gemischtes Vollkornmehl**
25 g **getrocknete Kokos-
flocken**

Für das Finish
3 Esslöffel **Erdbeer-
marmelade**
2 Esslöffel **getrocknete
Kokosflocken**

Geben Sie die Butter, den Sirup und den Zucker in einen Topf. Vorsichtig erhitzen, bis sie gerade geschmolzen sind. Nehmen Sie den Topf vom Herd. Die Haferflocken, das Mehl und die Kokosflocken unterrühren. Die Teigmasse auf ein 18 x 18 cm großes, mit beschichtetem Backpapier ausgelegtes Backblech kippen (siehe Seite 11) und glatt verstreichen.

Backen Sie den Teig im vorgeheizten Ofen bei 180 °C, Gasstufe 4, 15 – 20 Minuten goldbraun. Zum Abkühlen 10 Minuten stehen lassen, dann auf der Oberfläche neun Quadrate markieren. Mit der Marmelade bestreichen und mit den Kokosflocken bestreuen. Vollständig abkühlen lassen.

Heben Sie das Papier vom Blech ab. Die Vierecke nun ganz durchschneiden und das Papier vom Teig lösen. In einer luftdicht verschlossenen Dose bis zu 3 Tage lagern.

Für Orangenmarmelade-Schnitten 2 Esslöffel Orangenmarmelade mit groben Stücken in die Teigmasse rühren, bevor sie mit dem Löffel in die vorbereitete Kuchenform gefüllt und wie oben beschrieben gebacken wird. Für das Finish mit etwas Orangenmarmelade glasieren, wenn der Kuchen aus dem Ofen kommt, und die getrockneten Kokosflocken weglassen. In Vierecke schneiden.

Kraftriegel

Für **16** Stücke
Zubereitungszeit **15 Minuten**
Backzeit **25 – 30 Minuten**

200 g **Butter**
150 g heller **Roh-Rohrzucker** (Muskovade)
4 Esslöffel **Stärkesirup**
100 g **gemischte Körner** (wie z. B. Sesamsamen, Sonnenblumenkerne, Kürbiskerne, Hanfsamen und Leinsamen)
50 g **ganze gehäutete Mandeln**
50 g **nicht blanchierte Haselnüsse**
1 **Tafelapfel**, entkernt, gewürfelt, aber nicht geschält
1 kleine **Banane**, geschält und grob zerdrückt
200 g **Haferflocken**

Geben Sie die Butter, den Zucker und den Sirup in einen Topf. Vorsichtig erwärmen, bis alles gerade geschmolzen ist. Den Topf vom Herd nehmen und alle übrigen Zutaten unterrühren. Die Masse auf ein 18 x 28 cm großes, mit beschichtetem Backpapier ausgelegtes Backblech (siehe Seite 11) geben und zu einer gleichmäßigen Schicht verstreichen.

Backen Sie den Teig im vorgeheizten Ofen bei 180 °C, Gasstufe 4, 25 – 30 Minuten, bis er goldbraun ist und an den Kanten gerade braun zu werden beginnt. 10 Minuten abkühlen lassen, dann 16 Riegel markieren und vollständig abkühlen lassen.

Nehmen Sie das Papier aus der Form. Die Riegel nun ganz durchschneiden und das Papier vom Teig lösen. In einer luftdicht verschlossenen Dose bis zu 3 Tage lagern – es sind Energiespender und darum ideal als Zugabe zum Lunchpaket.

Für Sesam-Bananen-Schnitten die Butter, den Zucker und den Sirup wie oben schmelzen, dann 50 g Sesamsamen statt der gemischten Körner unterrühren. Die Nüsse und den Apfel weglassen und 2 kleine geschälte und zerdrückte Bananen und 250 g Haferflocken unterheben. Mit dem Löffel in eine flache Form mit 20 cm Durchmesser füllen, deren Boden und Seiten mit an den Ecken eingeschnittenem Backpapier ausgelegt sind. 25 Minuten goldbraun backen. Abkühlen lassen, dann in 16 Schnitten schneiden.

Polentatorte mit Kirschen und Mandeln

Für **14** Stücke
Zubereitungszeit **25 Minuten**
Backzeit **25 – 30 Minuten**

175 g **Butter**, bei Raumtemperatur
175 g **Streuzucker**
3 **Eier**, verquirlt
75 g **Fertig-Polenta**
125 g **gemahlene Mandeln**
1 Teelöffel **Backpulver**
abgeriebene Schale und Saft
   von ½ Zitrone
425 g Dose **entsteinte
   schwarze Kirschen in Natursaft**, abgegossen
15 g **Mandelblättchen**
gesiebter **Puderzucker** zum
   Dekorieren

Rühren Sie die Butter und den Zucker in einer Rührschüssel schaumig. Nach und nach abwechselnd löffelweise das
verquirlte Ei und Polenta zugeben. Die gemahlenen Mandeln und das Backpulver unterheben, dann die Schale und
den Saft der Zitrone untermischen.

Füllen Sie die Mischung in ein gefettetes, 18 x 28 cm großes Backblech. Die Dosenkirschen, dann die Mandelblättchen obenauf verteilen. Im vorgeheizten Ofen bei 180 °C,
Gasstufe 4, 25 – 30 Minuten backen, bis der Kuchen gut
aufgegangen und goldbraun ist und nachgibt, wenn man
ihn mit der Fingerspitze leicht eindrückt.

Lassen Sie den Kuchen in der Form abkühlen. Mit gesiebtem Puderzucker bestäuben, dann in 14 Riegel schneiden
und aus der Form heben. In einer luftdicht verschlossenen
Dose bis zu 2 Tage aufbewahren.

Für Polentatorte mit Pflaumen und Haselnüssen die gemahlenen Mandeln durch die gleiche Menge geröstete
und gehackte Haselnüsse ersetzen und mit 400 g entsteinten und in Scheiben geschnittenen Pflaumen statt mit
den Dosenkirschen belegen. Statt der Mandelblättchen
ein paar ungeröstete Haselnüsse darüberstreuen und wie
oben angegeben backen.

Schoko-Brownies mit Rum und Rosinen

Für **20** Stücke
Zubereitungszeit **30 Minuten**
  plus Einweichzeit
Backzeit **25 – 30 Minuten**

3 Esslöffel **weißer oder brauner Rum**
100 g **Rosinen**
250 g **dunkle Schokolade**, in Stücke zerbrochen
250 g **Butter**
4 **Eier**
200 g **Streuzucker**
75 g **mit Backpulver gemischtes Mehl** (oder 75 g Mehl mit 1 Teelöffel Backpulver zusammen durchgesiebt)
1 Teelöffel **Backpulver** extra
100 g **weiße oder Milchschokolade**

Erwärmen Sie den Rum. Die Rosinen zugeben und 2 Stunden oder über Nacht einweichen lassen.

Erhitzen Sie die dunkle Schokolade und die Butter langsam in einem Topf, bis beide geschmolzen sind. In der Zwischenzeit die Eier und den Zucker in einer Schüssel mit einem elektrischen Handrührgerät schlagen, bis sie cremig sind und der Mixer eine Spur hinterlässt, wenn man ihn herauszieht.

Rühren Sie die warme Schokolade und die Butter in die Eier-Zucker-Masse. Das Mehl und das Backpulver hineinsieben und dann unterheben. Die Mischung auf ein 18 x 28 cm großes, mit Backpapier ausgelegtes Backblech geben und bis in die Ecken verstreichen. Mit dem Löffel die im Rum aufgeweichten Rosinen obenauf verteilen.

Backen Sie den Teig im vorgeheizten Ofen bei 180 °C, Gasstufe 4, 25 – 30 Minuten, bis er schön aufgegangen ist, die Oberfläche Risse zeigt und die Mitte noch etwas weich ist. Auf dem Blech abkühlen und fest werden lassen.

Ziehen Sie den Kuchen vorsichtig mit dem Papier vom Blech. Die Milchschokolade in einer hitzebeständigen, über einem Topf mit köchelndem Wasser gehängten Schüssel schmelzen, dann auf den Brownieteig träufeln. Fest werden lassen, dann in 20 Stücke schneiden. Das Papier ablösen und in einer luftdicht verschlossenen Dose bis zu 3 Tage aufbewahren.

Für Drei-Schokoladen-Brownies die in Rum eingeweichten Rosinen weglassen und stattdessen 100 g fein gehackte Milchschokolade und 100 g fein gehackte weiße Schokolade kurz vor dem Backen über die Mischung streuen. Wie oben angegeben backen und die Glasur mit geschmolzener Schokolade weglassen.

Weiße-Schokolade-Aprikosen-Blondies

Für **20** Stücke
Zubereitungszeit **25 Minuten**
Backzeit **25 – 30 Minuten**

300 g **weiße Schokolade**
125 g **Butter**
3 **Eier**
175 g **Streuzucker**
1 Teelöffel **Vanilleextrakt**
175 g **mit Backpulver
gemischtes Mehl** (oder
175 g Mehl mit ⅓ Päckchen
Backpulver zusammen durchgesiebt)
1 Teelöffel **Backpulver** extra
125 g **getrocknete Aprikosen**,
gehackt

Brechen Sie die Hälfte der Schokolade in Stücke. Mit der Butter in einem Topf vorsichtig schmelzen. Die übrige Schokolade würfeln.

Schlagen Sie die Eier, den Zucker und die Vanille in einer Schüssel mit einem elektrischen Handrührgerät ungefähr 5 Minuten lang, bis die Masse sehr dick und schaumig ist und der Mixer eine Spur hinterlässt, wenn man ihn heraauszieht. Die geschmolzene Schokoladenmischung und dann das Mehl und das Backpulver unterheben. Vorsichtig die Hälfte der gehackten Schokolade und Aprikosen unterheben.

Füllen Sie den Teig auf ein 18 x 28 cm großes, mit Backpapier ausgelegtes Backblech. Den Teig bis in die Ecken verstreichen. Mit dem Rest der Schokolade und der Aprikosen bestreuen. Im vorgeheizten Ofen bei 180 °C, Gasstufe 4, 25 – 30 Minuten backen, bis er schön aufgegangen ist, die Oberfläche Risse zeigt und die Mitte noch etwas weich ist.

Lassen Sie den Teig in der Form auskühlen. Dann vorsichtig mit dem Papier vom Blech ziehen und in 20 kleine Stücke schneiden. Das Papier abziehen und in einer luftdicht verschlossenen Dose bis zu 3 Tage aufbewahren.

Für Weiße-Schokolade-Preiselbeer-Blondies das obige Rezept befolgen und einfach nur die getrockneten Aprikosen durch 75 g getrocknete Preiselbeeren ersetzen.

Tropischer Ingwerkuchen

Für **20** Stücke
Zubereitungszeit **30 Minuten**
Backzeit **25 Minuten**

150 g **Butter**
125 g heller **Roh-Rohrzucker**
(Muskovade)
3 Esslöffel **Stärkesirup**
250 g **mit Backpulver
gemischtes Mehl** (oder
250 g Mehl mit ½ Päckchen
Backpulver zusammen
durchgesiebt)
1 Teelöffel **Backpulver** extra
3 Teelöffel **gemahlener
Ingwer**
50 g **getrocknete Kokosflocken**
3 **Eier**, verquirlt
200 g **Dosenananasringe**,
abgetropft und gehackt

Für die Limonenglasur
100 g **Butter**, bei Raumtemperatur
200 g gesiebter **Puderzucker**
abgeriebene Schale und Saft
von 1 **Limone**
getrocknete **Papaya und
Aprikosen**, gewürfelt
ein paar **getrocknete Kokosraspel** zum Bestreuen

Erwärmen Sie die Butter, den Zucker und den Sirup in einem Topf vorsichtig und unter Rühren, bis sie geschmolzen
sind.

Vermischen Sie die trockenen Zutaten in einer Rührschüssel. Dann die geschmolzene Buttermischung unterrühren
und glatt rühren. Die Eier hineinrühren, dann die gehackte
Ananas, aber, falls gewünscht, ein paar Stücke für die Dekoration beiseite legen.

Füllen Sie den Teig auf ein 18 x 28 cm großes, gefettetes
und am Boden mit geöltem Backpapier ausgelegtes Backblech. Die Oberfläche glatt streichen.

Backen Sie den Kuchen im vorgeheizten Ofen bei 180 °C,
Gasstufe 4, ungefähr 20 Minuten, bis er schön aufgegangen ist und an der Oberfläche nachgibt, wenn man ihn mit
der Fingerspitze leicht eindrückt. 10 Minuten im Blech abkühlen lassen, dann die Ränder lösen, auf ein Kuchengitter
stürzen und das Backpapier abziehen.

Machen Sie die Limonenglasur. Die Butter, den Puderzucker, die Hälfte der Limonenschale und des Limonensaftes
zu einer lockeren Mischung verrühren. Den Kuchen umdrehen, sodass die Oberseite oben liegt, und mit der Glasur
überziehen. Mit einer kleinen Menge der restlichen Limonenschale, den Trockenfrüchten und den Kokosraspeln bestreuen. In einer luftdicht verschlossenen Dose bis zu 2 Tage aufbewahren. Zum Servieren in 20 Stücke schneiden.

Für einen Möhren-Sultaninen-Kuchen das obige Rezept
befolgen, aber den gemahlenen Ingwer weglassen. 150 g
geschälte und geraspelte Möhren und 75 g Sultaninen
statt der Ananas und der getrockneten Kokosflocken zugeben. Für die Glasur die abgeriebene Schale und den
Saft einer ½ kleinen Orange statt der Limone verwenden.

Schokoladenkuchen mit Birne & Orange

Für **8** Stücke
Zubereitungszeit **25 Minuten**
Backzeit **30 – 35 Minuten**

175 g **Butte**r bei Raum-
    temperatur
175 g **Streuzucker**
3 **Eier**, verquirlt
125 g **mit Backpulver
    gemischtes Mehl** (oder
    125 g Mehl mit ¼ Päckchen
    Backpulver zusammen
    durchgesiebt)
75 g **mit Backpulver
    gemischtes Vollkornmehl**
    (oder 75 g Mehl und 1 Tee-
    löffel Backpulver)
25 g **Kakao**
abgeriebene Schale und
    2 Esslöffel Saft von
    1 **Orange**
4 kleine **Tafelbirnen**, geschält,
    halbiert und entsteint

Für das Finish
gesiebter **Puderzucker** zum
    Bestäuben
etwas geriebene **Schokolade**
etwas abgeriebene **Orangen-
    schale**

Rühren Sie die Butter und den Zucker in einer Rührschüssel schaumig. Nach und nach abwechselnd und löffelweise
verquirltes Ei und Mehl zugeben und die Mischung glatt
rühren. Den Kakao, die Orangenschale und den Orangensaft unterrühren, dann den Teig mit einem Löffel auf ein
18 x 28 cm großes, mit Backpapier ausgelegtes Backblech
(siehe Seite 11) füllen und die Oberfläche glatt streichen.

Ritzen Sie jede Birne mehrmals der Länge nach ein. Leicht
fächerförmig auseinanderziehen, aber in ihrer ursprüng-
lichen Form lassen. Vorsichtig auf den Kuchen setzen und
in 2 Reihen zu je 4 anordnen.

Backen Sie den Kuchen im vorgeheizten Ofen bei 180 °C,
Gasstufe 4, 30 – 35 Minuten, bis er schön aufgegangen
ist und nachgibt, wenn man ihn mit der Fingerspitze leicht
eindrückt.

Ziehen Sie den Kuchen vorsichtig mit dem Papier vom
Blech. In 8 Stücke schneiden und das Papier ablösen. Mit
gesiebtem Puderzucker bestäuben und mit etwas abgerie-
bener Schokolade und Orangenschale bestreuen. Warm
oder kalt servieren, wie er ist, oder warm als Dessert mit Eis
oder Vanillesoße servieren. In einer gut verschließbaren
Dose bis zu 2 Tage aufbewaren.

Für Blechkuchen mit Honigbirnen den Streuzucker durch
150 g Honig ersetzen. Den Kakao weglassen und 125 g
mit Backpulver gemischtes Mehl zugeben. Die Birnen in
dem gebackenen Kuchen mit etwas Honig beträufeln und
dann mit gesiebtem Puderzucker bestäuben.

Apfel-Brombeer-Streusel

Für **16** Stücke
Zubereitungszeit **30 Minuten**
Backzeit **45 Minuten**

175 g **Butter** bei Raumtemperatur
175 g **Streuzucker**
3 **Eier**, verquirlt
250 g **mit Backpulver**
   gemischtes Mehl (oder
   250 g Mehl mit ½ Päckchen
   Backpulver zusammen
   durchgesiebt)
1 Teelöffel **Backpulver** extra
abgeriebene Schale von
  1 Zitrone
500 g **Kochäpfel**, entkernt,
   geschält und in dünne Scheiben geschnitten
150 g **tiefgekühlte Brombee-**
   ren, angetaut

Für den Streuselbelag

75 g **mit Backpulver**
   gemischtes Mehl (oder
   75 g Mehl mit 1 Teelöffel
   Backpulver)
75 g **Müsli**
50 g **Streuzucker**
75 g **Butte**r, in Würfel
   geschnitten

Rühren Sie die Butter und den Zucker in einer Rührschüssel schaumig. Nach und nach abwechselnd einen
Löffel verquirltes Ei und Mehl zugeben, bis alles verbraucht
ist und die Mischung geschmeidig ist. Das Backpulver und
die Zitronenschale untermengen, dann die Masse mit
einem Löffel auf ein 18 x 28 cm großes, mit Backpapier
ausgelegtes Backblech geben (siehe Seite 11). Die Oberfläche glatt streichen, dann die Apfelscheiben und die
Brombeeren darauf verteilen.

Machen Sie die Streusel. Das Mehl, das Müsli und Streuzucker in eine Rührschüssel füllen, die Butter zugeben und
mit den Fingerspitzen zu Streuseln verarbeiten. Streusel auf
das Obst streuen. Im vorgeheizten Ofen bei 180 °C, Gasstufe 4, ungefähr 45 Minuten backen, bis die Streusel goldbraun sind und ein in die Mitte gestochenes Holzstäbchen
beim Herausziehen sauber bleibt.

Lassen Sie den Kuchen in der Form abkühlen. Dann vorsichtig mit dem Papier vom Blech ziehen. Den Kuchen in 16
Schnitten schneiden und das Backpapier ablösen. In einer
luftdicht verschlossenen Dose bis zu 2 Tage aufbewahren.

Für Apfel-Rosinen-Streusel die tiefgekühlten Brombeeren
durch die gleiche Menge Rosinenfarce ersetzen. Mit
Streusel bestreuen, dann 25 g Mandelblättchen zugeben.
Wie oben angegeben backen.

Glasierte Bananenriegel

Für **16** Stücke
Zubereitungszeit **30 Minuten**
Backzeit **25 – 30 Minuten**

175 g **Butter** bei Raumtemperatur
175 g **Streuzucker**
3 **Eier**, verquirlt
250 g **mit Backpulver
   gemischtes Mehl** (oder
   250 g Mehl mit ½ Päckchen
   Backpulver zusammen
   durchgesiebt)
1 Teelöffel **Backpulver** extra
2 **Bananen**, mit Schale je ungefähr 175 g, geschält und
   grob zerdrückt

Für die Kuvertüre
50 g **Butter**
25 g **Kakaopulver**
250 g **Puderzucker**, gesiebt
1 – 2 Esslöffel **Milch**
**Zuckerfiguren und Streude-
   kore** zum Dekorieren

Rühren Sie die Butter und den Zucker in einer Rührschüssel schaumig. Nach und nach abwechselnd einen Löffel
verquirltes Ei und Mehl zugeben, bis alles verbraucht ist und
die Mischung geschmeidig ist. Das Backpulver und die zerdrückten Bananen untermengen und alles gut vermischen.

Füllen Sie den Teig mit einem Löffel auf ein 18 x 28 cm
großes, mit Backpapier ausgelegtes Backblech. Oberfläche
glatt streichen. Im vorgeheizten Ofen bei 180 °C, Gasstufe 4,
25 – 30 Minuten backen, bis der Teig aufgegangen und
goldbraun ist und nachgibt, wenn man ihn leicht eindrückt.
Auf dem Blech abkühlen lassen.

Machen Sie die Kuvertüre. Die Butter in einem kleinen Topf
erwärmen. Das Kakaopulver unterrühren und 1 Minute vorsichtig warm werden lassen, dann den Topf vom Herd nehmen und den Puderzucker einrühren. Den Topf wieder auf
den Herd stellen und unter Rühren vorsichtig erwärmen, bis
die Masse geschmolzen und glatt ist, dabei Milch zugeben,
damit die Glasur streichfähig wird.

Gießen Sie die Glasur auf die Kuchenmitte. Mit einem Palettenmesser verstreichen. Mit Zuckerfiguren und Streude-
kor bestreuen. Abkühlen und fest werden lassen. Dann den
Kuchen vorsichtig mit dem Papier vom Blech ziehen. In 16
Riegel schneiden und das Papier ablösen. In einer luftdichten Dose bis zu 3 Tage aufbewahren.

Für Preiselbeer-Bananen-Happen 50 g getrocknete Preiselbeeren mit den Bananen unter den Kuchen mengen.
Wie oben beschrieben, löffelweise auf das Blech füllen
und mit 4 Esslöffeln Sonnenblumenkernen bestreuen. Backen, nach dem Abkühlen mit etwas gesiebtem Puderzucker bestäuben. In 24 Quadrate schneiden.

Umgedrehter Mango-Kiwi-Kuchen

Für **20** Stücke
Zubereitungszeit **30 Minuten**
Backzeit **30 – 35 Minuten**

1 große **Mango**
4 Esslöffel **Aprikosenmarmelade**
abgeriebene Schale und Saft
von **2 Limonen**
2 **Kiwis**, in Scheiben geschnitten
250 g weiche **Margarine**
125 g **Streuzucker**
125 g heller **Roh-Rohrzucker**
(Muskovade)
250 g **mit Backpulver
gemischtes Mehl** (oder
250 g Mehl mit ½ Päckchen
Backpulver zusammen
durchgesiebt)
4 **Eier**

Schälen Sie die Mango. Das Fruchtfleisch vom Stein lösen, dabei in Scheiben schneiden.

Mischen Sie die Aprikosenmarmelade mit dem Saft von 1 Limone. Dann mit dem Löffel auf den Boden eines 18 x 28 cm großen, mit Backpapier ausgelegten Backblechs (siehe Seite 11) füllen. Die Mango und die Kiwi beliebig obenauf verteilen.

Geben Sie die Limonenschale und den Rest des Saftes in eine Rührschüssel oder eine Küchenmaschine. Die restlichen Zutaten dazugeben und schlagen, bis die Masse glatt ist. Mit dem Löffel über das Obst verteilen und die Oberfläche glatt streichen. Im vorgeheizten Ofen bei 180 °C, Gasstufe 4, 30 – 35 Minuten backen, bis der Kuchen schön aufgegangen und goldbraun ist und nachgibt, wenn man ihn mit der Fingerspitze leicht eindrückt.

Lassen Sie den Kuchen im Blech 10 Minuten abkühlen. Dann das Blech über einem Kuchengitter umdrehen, das Blech und das Backpapier wegnehmen und den Kuchen vollständig abkühlen lassen. In 20 Stücke schneiden und warm mit geschlagener Sahne servieren. Am besten schmeckt der Kuchen am Backtag.

Für einen umgedrehten Aprikosen-Preiselbeer-Kuchen löffelweise Preiselbeersoße statt Aprikosenmarmelade auf dem Blechboden verteilen. Statt mit den frischen Früchten mit 425 g abgetropften Aprikosenhälften aus der Dose in Reihen belegen. Die Schale und den Saft der Limone in der Teigmischung durch die abgeriebene Schale von 1 Orange ersetzen. Den Teig auf dem Obst verteilen und wie oben angegeben backen.

Pflaumen-Sonnenblumen-Schnitten

Für **16** Stücke
Zubereitungszeit **25 Minuten**
Backzeit **30 – 35 Minuten**

250 g **entsteinte Backpflaumen**, grob gehackt
1 Teelöffel **Vanilleextrakt**
200 ml **Wasser**
150 g **Butter**
100 g **Streuzucker**
2 Esslöffel **Stärkesirup**
100 g **mit Backpulver
gemischtes Mehl** (oder
100 g Mehl mit 1 Messerspit-
ze Backpulver zusammen
durchgesiebt)
150 g **Haferflocken**
40 g **Sonnenblumenkerne**

Für das Finish
3 Esslöffel **Haferflocken**
2 Esslöffel **Sonnenblumenkerne**

Füllen Sie die Backpflaumen, die Vanille und das Wasser in einen kleinen Topf. Ohne Deckel 5 Minuten köcheln lassen, bis die Masse weich und breiig und das Wasser aufgesogen ist.

Erwärmen Sie die Butter, den Zucker und den Sirup in einem größeren Topf, bis sie geschmolzen sind. Das Mehl, die Haferflocken und die Kerne unterrühren und alles gut vermischen.

Geben Sie drei Viertel der Mischung in ein 20-cm-Backblech, das mit Backpapier ausgelegt ist (siehe Seite 11). Zu einer gleichmäßigen Schicht verstreichen, dann mit den erwärmten Backpflaumen belegen. Die restliche Teigmischung in einer dünnen Schicht darüber verstreichen, dann mit den übrigen Haferflocken und Sonnenblumenkernen bestreuen.

Backen Sie den Kuchen im vorgeheizten Ofen bei 180 °C, Gasstufe 4, 25 – 30 Minuten goldbraun. Im Blech abkühlen lassen, dann 16 Quadrate markieren und ganz abkühlen lassen. Den Kuchen vorsichtig mit dem Papier vom Blech ziehen und die Schnitten ganz durchschneiden. In einer luftdicht verschlossenen Dose bis zu 3 Tage aufbewahren.

Für Dattel-Apfel-Schnitten statt der Backpflaumen und Vanille 150 g Datteln mit 1 entkernten und gehackten Apfel in der gleichen Menge Wasser wie oben angegeben köcheln lassen. Die Masse durch ein Sieb abtropfen lassen, dann mit dem Löffel über den Haferflockenteig verteilen. Weitermachen wie im oben beschriebenen Rezept.

Schoko-Karamell-Mürbeteiggebäck

Für **15** Stücke
Zubereitungszeit **20 Minuten**
  plus Abkühlzeit
Backzeit **15 Minuten**

100 g **Butter** bei Raumtemperatur
50 g **Streuzucker**
100 g **braunes Reismehl**
100 g **Maismehl**

Für den Karamell
100 g **Butter**
50 g **brauner Zucker**
400 g **Kondensmilch**

Für die Glasur
100 g **weiße Schokolade**,
  in Stücke gebrochen
100 g **dunkle Schokolade**,
  in Stücke gebrochen

Schlagen Sie die Butter und den Zucker in einer Rührschüssel schaumig. Dann das Reismehl und das Maismehl
unterrühren, bis alles gut vermischt ist. Den Mürbeteig auf
ein 28 x 18 cm großes Backblech füllen, dann in den vorgeheizten Ofen stellen und bei 200 °C, Gasstufe 6, 10 – 12
Minuten goldbraun backen.

In der Zwischenzeit die Karamell-Zutaten in eine beschichtete Pfanne mit schwerem Boden geben und bei niedriger
Hitze erwärmen, bis sich der Zucker aufgelöst hat, dann
unter ständigem Rühren 5 Minuten köcheln lassen, bis er
dunkel zu werden beginnt. Vom Herd nehmen und etwas
abkühlen lassen, dann den Karamell über den Mürbeteig-
boden gießen und vollständig abkühlen lassen.

Schmelzen Sie die weiße und die dunkle Schokolade getrennt in zwei hitzebeständigen Töpfen über köchelndem
Wasser. Wenn der Karamell fest ist, abwechselnd je einen
Löffel helle und dunkle Schokolade über den Karamell
geben. Dann mit dem Blech auf die Arbeitsplatte klopfen,
damit die beiden Schokoladensorten ineinander verlaufen,
und dann mit einem Messer Wirbel in die Schokolade ziehen. In den Kühlschrank stellen, bis der Kuchen fest ist,
dann in 15 Stücke schneiden.

Für Karamell-Pinienkerne-Schnitten den Mürbeteig wie
oben zubereiten, die abgeriebene Schale von ½ Orange
zusammen mit dem Mehl zugeben. Wie oben backen.
50 g Pinienkerne in den Karamell geben, kurz bevor er
über den Mürbeteig gegossen wird. Wenn er abgekühlt
ist, mit 100 g geschmolzener dunkler Schokolade dekorieren, die so obenauf geträufelt wird, dass der Karamellguss
noch zu sehen ist.

Torten

Erdbeer-Makronen-Torte

Für **8** Stücke
Zubereitungszeit **40 Minuten**
Backzeit **35 – 45 Minuten**

4 **Eiweiße**
¼ Teelöffel **Weinstein-Back-
  pulver**

125 g heller **Roh-Rohrzucker**
  (Muskovade)
100 g **Streuzucker**
1 Teelöffel **Weißweinessig**
50 g **Walnussstücke**, leicht
  geröstet und gehackt

Für die Füllung
200 ml **Schlagsahne**
250 g **Erdbeeren**

Schlagen Sie Eiweiße und Backpulver in einer großen Schüssel steif. Die beiden Zuckerarten vermischen, dann nach und nach unter das Eiweiß heben, jeweils nur wenig, bis alles verbraucht ist. Ein paar Minuten weiterschlagen, bis die Meringemasse dick und glänzend ist. Die Walnüsse unterheben.

Verteilen Sie die Meringemasse gleichmäßig auf 2 gefettete, mit beschichtetem Backpapier ausgelegte Backformen mit 20 cm Durchmesser. Die Oberfläche glatt streichen, dann mit der Rückseite eines Löffels ein spiralförmiges Muster auf der Oberfläche anbringen. Im vorgeheizten Ofen bei 150 °C, Gasstufe 2, 35 – 45 Minuten backen, bis die Masse leicht gebräunt und knusprig ist. Die Ränder lösen und in den Formen abkühlen lassen.

Lösen Sie die Ränder der Meringeböden nochmals. Vorsichtig auf 2 Küchenhandtücher stürzen. Backpapier abziehen und die Böden auf eine Kuchenplatte setzen.

Schlagen Sie die Sahne, bis sich weiche Spitzen bilden. Dann mit dem Löffel drei Viertel auf einen der Meringeböden verteilen. 8 der kleinsten Erdbeeren halbieren und beiseite legen. Den Rest entstielen, in Scheiben schneiden und auf der Sahne anordnen. Mit dem zweiten Meringestück bedecken, mit der Oberseite nach oben. Löffelweise mit der restlichen Sahne und den beiseite gelegten Erdbeeren dekorieren. Innerhalb von 2 Stunden servieren.

Für Schoko-Kastanien-Makronentorte 2 Esslöffel Kakaopulver unter die Meringemasse heben, kurz bevor die Nüsse zugegeben werden. Wie oben beschrieben backen, dann die Erdbeeren und die Cremefüllung durch 150 ml Schlagsahne, geschlagen und vermengt mit 220 g gesüßtem Kastanienpüree aus der Dose, ersetzen. Die Oberseite mit Schokoladenröllchen dekorieren.

Schoko-Rum-Torte

Für **16** Stücke
Zubereitungszeit **15 Minuten**
Backzeit **25 – 30 Minuten**

150 g **dunkle Schokolade**,
  in Stücke gebrochen
geriebene Schale und Saft von
  1 Orange
ein paar Tropfen **Rumessenz**
  (nach Belieben)
150 g **ungesalzene Butter**
  bei Raumtemperatur
150 g **Streuzucker**
4 **Eier**, getrennt
150 g **gemahlene Mandeln**

Für die Schokoladenglasur
150 g **dunkle Schokolade**,
  in Stücke gebrochen
100 g **ungesalzene Butter**

Zum Verzieren
8 – 16 **Zuckerveilchen** (nach
  Belieben)

Schmelzen Sie die Schokolade mit der Schale und dem Saft der Orange und der Rumessenz in einer hitzebeständigen Schüssel über einem Topf mit köchelndem Wasser.

Geben Sie die Butter und allen Zucker bis auf 1 Esslöffel in eine große Rührschüssel. Cremig schlagen. Die Eigelbe eines nach dem anderen hineinschlagen, dann die geschmolzene Schokolade unterrühren.

Schlagen Sie die Eiweiße in einer großen, sauberen Schüssel, bis sie leicht Spitzen ziehen. Den restlichen Zucker zugeben, dann steif schlagen. Die Eiweiße mit den Mandeln unter die Schokoladenmischung heben, dann mit einem Löffel in 2 gefettete und mit Backpapier ausgelegte Backformen mit 20 cm Durchmesser füllen.

Backen Sie die Böden im vorgeheizten Ofen bei 180 °C, Gasstufe 4, 20 – 25 Minuten, bis die Ränder fest sind, aber die Mitte noch weich ist. Aus dem Ofen nehmen, ein paar Minuten in den Formen abkühlen lassen, dann vorsichtig auf ein Kuchengitter stürzen.

Glasieren Sie den Kuchen. Die Schokolade wie zuvor schmelzen, dann die Butter esslöffelweise dazugeben, bis sie geschmolzen ist. Vom Herd nehmen und gelegentlich schlagen, bis die Glasur abgekühlt ist. Wenn die Glasur dünnflüssig ist, die Schüssel in den Kühlschrank stellen, bis sie etwas fester geworden ist. Den abgekühlten Kuchen mit der Schokoladenmischung füllen und glasieren. Nach Belieben mit Zuckerveilchen dekorieren.

Für eine Orangenlikör-Torte den Rum weglassen. Den Kuchen wie oben beschrieben zubereiten, dann aufeinandersetzen und oben mit 200 ml geschlagener, mit jeweils 2 Esslöffeln Cointreau und Puderzucker versetzter Schlagsahne bestreichen. Mit Orangenkeilen dekorieren.

Apfelsoßen-Torte

Für **8** Stücke
Zubereitungszeit **30 Minuten**
Backzeit **40 – 45 Minuten**

2 **Kochäpfel**, je etwa 250 g,
  entkernt, geschält und in
  dünne Scheiben geschnitten
2 Esslöffel **Wasser**
etwas **Zitronensaft**
250 g **Weizenmehl**
2½ Teelöffel **Backpulver**
1 Teelöffel **gemahlener Zimt**
½ Teelöffel **gemahlener
  Ingwer**
¼ Teelöffel **geriebene Muskatnuss**
150 g **Brotaufstrichmasse**
  mit vermindertem Fettgehalt
175 g **Streuzucker**
3 **Eier**, verquirlt

Geben Sie die Hälfte der Apfelscheiben in eine kleine Kasserolle mit Wasser. Zudecken und 5 Minuten weich köcheln lassen. Die restlichen Apfelscheiben in eine Schüssel mit kaltem Wasser und etwas Zitronensaft geben.

Vermischen Sie das Mehl, das Backpulver, die Hälfte des gemahlenen Zimts, den ganzen Ingwer und die Muskatnuss in einer Rührschüssel.

Rühren Sie den Brotaufstrich mit reduziertem Fettgehalt mit 150 g des Zuckers in einer anderen Schüssel cremig. Nach und nach löffelweise verquirltes Ei und Mehlmischung untermischen, bis alles aufgebraucht ist und die Masse geschmeidig ist. Die gekochten Äpfel unterrühren.

Füllen Sie die Masse in eine leicht geölte Springform mit 23 cm Durchmesser und streichen Sie die Oberfläche glatt.

Die übrigen Äpfel gut abtropfen lassen und die Scheiben in Ringen auf der Teigmischung anordnen. Mit dem restlichen Zucker und Zimt bestreuen. Im vorgeheizten Ofen bei 180 °C, Gasstufe 4, 35 – 40 Minuten backen, bis der Kuchen schön aufgegangen ist und ein in die Mitte gestochenes Holzstäbchen beim Herausziehen sauber bleibt.

Servieren Sie die Torte noch warm, allein oder als Pudding mit Crème fraîche, Joghurt oder Vanillesoße.

Für eine pikante Birnentorte die Äpfel durch die gleiche Menge Birnen ersetzen und 1 Teelöffel gemahlenen Ingwer und ½ Teelöffel gemahlenen Zimt dazunehmen, die Hälfte des Ingwers mit dem Zucker oben auf die Torte streuen. Backen wie oben beschrieben.

Schoko-Süßkartoffel-Torte

Für **12 – 14** Stücke
Zubereitungszeit **40 Minuten**
Backzeit **40 – 45 Minuten**

200 g **mit Backpulver ge-mischtes Mehl** (oder 200 g Mehl mit ⅓ Päckchen Backpulver zusammen durchgesiebt)
50 g **Kakaopulver**
1 Teelöffel **Natron**
175 g **Butter**
175 g heller **Roh-Rohrzucker** (Muskovade)
3 **Eier**, verquirlt
400 g **Süßkartoffeln**, gekocht, abgegossen und mit 3 Esslöffeln **Milch** zerquetscht
40 g gehackter **kandierter Ingwer**

Für die Kuvertüre
150 g **dunkle Schokolade**
2 Esslöffel **heller Roh-Rohrzucker** (Muskovade)
200 ml **Crème fraîche**

Zum Verzieren
25 g gehackter **kandierter Ingwer**
ein paar **kandierte Rosenblütenblätter oder Veilchen** (siehe Seite 144)

Vermischen Sie das Mehl, den Kakao und das Natron in einer Schüssel. Die Butter und den Zucker in einer Rührschüssel cremig schlagen. Nach und nach abwechselnd löffelweise verquirltes Ei und Mehlmischung untermischen, bis alles aufgebraucht und die Masse geschmeidig ist. Die zerquetschten Süßkartoffeln und den Ingwer unterrühren.

Füllen Sie die Masse in eine gefettete Springform mit 23 cm Durchmesser, deren Boden mit geöltem Backpapier ausgelegt ist. Dann die Oberfläche mit einem breiten Messer glatt streichen. Im vorgeheizten Ofen bei 160 °C, Gasstufe 3, 45 – 50 Minuten backen, bis der Kuchen mit einer leicht gewölbten und gerissenen Oberfläche aufgegangen ist und ein in die Mitte gestochenes Holzstäbchen beim Herausziehen sauber bleibt.

Lassen Sie den Kuchen in der Form 15 Minuten abkühlen (es macht nichts, wenn er etwas einsinkt). Dann auf ein Kuchengitter stürzen und das Backpapier abziehen. Gründlich auskühlen lassen.

Machen Sie die Kuvertüre. Die Schokolade und den Roh-Rohrzucker in einer hitzebeständigen, über einen Topf mit schwach köchelndem Wasser gehängten Schüssel schmelzen lassen. Vom Herd nehmen, die Crème fraîche zugeben und rühren, bis die Masse glatt ist und glänzt. Bei Bedarf 10 – 30 Minuten in den Kühlschrank stellen, bis die Kuvertüre streichfähig ist. Die Schokoladenkuvertüre mit dem Löffel auf der Oberfläche und an den Seiten des Kuchens verteilen und mit einem Messer ein Muster anbringen.

Bestreuen Sie den Kuchen mit dem Ingwer und, falls gewünscht, den kandierten Blütenblättern. Zum Abkühlen beiseite stellen.

Zitronen-Angel-Cake

Für **8** Stücke
Zubereitungszeit **30 Minuten**
Backzeit **25 – 30 Minuten**

50 g **Mehl**
fein abgeriebene Schale von
  ½ **Zitrone**
6 **Eiweiße**
Prise **Salz**
¾ Teelöffel **Weinstein-Back-**
  pulver
200 g **Streuzucker**
kristallierte Rosenblätter
  oder -blüten zum Verzieren
  (nach Wunsch)

Für den Belag
150 g **Zitronenquark**
125 ml **saure Sahne**

Sieben Sie das Mehl in eine Schüssel. Die Zitronenschale unterrühren und beiseite stellen.

Schlagen Sie die Eiweiße mit Salz und Backpulver in einer großen Schüssel so lange, bis sie steif sind, aber noch feucht aussehen. Nach und nach esslöffelweise den gesamten Zucker zugeben. Noch ein paar Minuten weiterschlagen, bis die Meringemasse dick ist und glänzt.

Vorsichtig die Mehlmischung mit einem Metalllöffel in Bewegungen in Form einer Acht unterheben. In eine beschichtete Springform mit 20 oder 23 cm Durchmesser füllen. Im vorgeheizten Ofen, 190 °C, Gasstufe 5, 25 – 30 Minuten backen, bis der Kuchen aufgegangen und goldbraun ist und nachgibt, wenn man ihn leicht eindrückt.

Setzen Sie die Form umgedreht auf ein Kuchengitter. Abkühlen lassen. Beim Abkühlen rutscht der Kuchen aus der Form. Wenn er erkaltet ist, Zitronenquark und die saure Sahne vermischen und auf dem Kuchen verstreichen. Falls gewünscht, mit kandierten Rosenblättern oder -blüten bestreuen.

Um Blüten (z. B. von Rosen, Veilchen, Stiefmütterchen oder Gräsern) zu kandieren, zuerst vergewissern, dass sie sauber sind. Mit dem Pinsel dünn Eiweiß auftragen, dann mit Zucker bestreuen. Mindestens 30 Minuten trocknen lassen, bevor sie auf dem Kuchen platziert werden.

Für Limonen-Angel-Cake mit Pistazien die abgeriebene Zitronenschale durch die fein geriebene Schale von 1 Limone ersetzen und Limonenquark statt Zitronenquark als Belag nehmen. 25 g Pistazienkerne mit 1 Esslöffel Streuzucker unter dem Grill rösten, bis der Zucker aufgelöst und leicht karamellisiert ist, abkühlen lassen, dann grob hacken und über den Kuchen streuen.

Pflaumen-Mandel-Streuselkuchen

Für **12** Stücke
Zubereitungszeit **35 Minuten**
Backzeit **1 Stunde – 1 Stun-
de 10 Minuten**

Für den Streuselbelag
25 g **Mehl**
25 g **Streuzucker**
25 g **Butter**, gewürfelt
40 g **Mandelblättchen**

Für den Kuchen
175 g **Butter** bei Raumtemperatur
175 g **Streuzucker**
3 **Eier**, verquirlt
175 g **mit Backpulver gemischtes Mehl** (oder 175 g
Mehl mit ⅓ Päckchen Back-
pulver zusammen durchge-
siebt)
1 Teelöffel **Backpulver** extra
50 g **gemahlene Mandeln**
½ Teelöffel **Mandelessenz**
400 g **Pflaumen**, halbiert,
entsteint und in dicke Scheiben geschnitten
gesiebter **Puderzucker** zum
Dekorieren

Machen Sie den Streuselbelag. Das Mehl und den Zucker in eine kleine Schüssel füllen. Die Butter zugeben und alles mit den Händen zu Streuseln verarbeiten. Die Mandelblättchen unterrühren.

Bereiten Sie den Kuchen zu. Die Butter und den Zucker in einer Rührschüssel cremig schlagen. Nach und nach abwechselnd löffelweise verquirltes Ei und Mehl zugeben, bis alles verbraucht ist. Das Backpulver, die gemahlenen Mandeln und die Mandelessenz unterrühren.

Füllen Sie den Teig in eine Springform mit 23 cm Durchmesser, deren Boden und Seiten mit beschichtetem Backpapier ausgelegt sind. Die Oberfläche glatt streichen und mit in Scheiben geschnittenen Pflaumen belegen, dann mit den Streuseln bestreuen.

Backen Sie den Kuchen im vorgeheizten Ofen bei 180 °C, Gasstufe 4, 1 Stunde bis 1 Stunde und 10 Minuten oder bis ein in die Mitte gestochenes Holzstäbchen beim Herausziehen sauber bleibt. Den Kuchen nach der Hälfte der Backzeit lose mit Alufolie abdecken, falls die Oberfläche zu schnell braun wird.

Lassen Sie den Kuchen 15 Minuten in der Form abkühlen. Dann die Form abheben und den Kuchen vollständig abkühlen lassen. Vor dem Servieren das Backpapier abziehen und den Kuchen auf eine Platte schieben. Mit gesiebtem Puderzucker bestäuben. In Keile schneiden und so servieren oder noch warm als Pudding mit einem Löffel geschlagener Sahne oder Vanilleeis auf den Tisch bringen. Innerhalb von 2 Tagen verzehren.

Für einen Pfirsich-Streuselkuchen das oben beschriebene Grundrezept befolgen, aber die Pflaumen durch 2 in Scheiben geschnittene Pfirsiche und 100 g Himbeeren ersetzen.

Angel-Cake

Für **8** Stücke

Zubereitungszeit **1½ Stunden plus Trocknen über Nacht**

Backzeit **1 Stunde – 1½ Stunden**

175 g weiche **Margarine**

175 g **Streuzucker**

3 **Eier**, verquirlt

250 g **mit Backpulver gemischtes Mehl** (oder 250 g Mehl mit ½ Päckchen Backpulver zusammen durchgesiebt)

fein abgeriebene Schale von 2 **Limonen**

Saft von 1½ **Limonen**

100 g **Butter** bei Raumtemperatur

250 g **Puderzucker** plus extra zum Bestäuben

4 Esslöffel **Himbeermarmelade**

450 g weiße **Fertigglasur**

250 g Fondant-**Fertigglasur**

essbare **goldene Lebensmittelfarbe**

kleine Tube mit **weißer Spritzglasur** (nach Wunsch)

Schlagen Sie die Margarine und den Zucker in einer Schüssel schaumig. Löffelweise die Eier und das Mehl dazugeben, bis alles verbraucht und die Masse geschmeidig ist.

Rühren Sie die Schale und den Saft von ½ Limone hinein. Die Masse mit dem Löffel in eine tiefe runde, mit beschichtetem Backpapier ausgelegte Kuchenform mit 20 cm Durchmesser füllen und die Oberfläche glatt streichen. Im vorgeheizten Ofen bei 160 °C, Gasstufe 3, 1 – 1 ¼ Stunden backen, bis der Kuchen schön aufgegangen ist. In der Form auskühlen lassen, dann herausnehmen. Das Backpapier abziehen und den Kuchen in drei waagerechte Schichten schneiden.

Verrühren Sie die Butter, den Puderzucker und den restlichen Limonensaft zu einer geschmeidigen Buttercreme. Setzen Sie die Schichten mit der Buttercreme und der Marmelade zusammen. Die restliche Mischung dünn auf der Oberfläche und an den Seiten des Kuchens verstreichen.

Überziehen Sie den Kuchen mit der Fertigglasur. Sanft auf der Oberfläche und an den Seiten andrücken, bis sie glatt ist, und überstehende Glasur abschneiden. Ein kleines Stück Fondant-Fertigglasur zu einer 6 cm großen Engels-Glasurform kneten. Die Form umdrehen und vorsichtig den Engel herausschütteln. Zurechtschneiden und weitere 3 Engel fertigen.

Rollen Sie die restliche Glasur aus. In dünne Streifen für die Glasurbänder schneiden. Jeden spiralig um den Griff eines Holzlöffels drehen und über Nacht trocknen lassen. Die Engelsflügel mit Gold anmalen. Die Engel oben auf die Torte setzen, zusammen mit den Glasurbändern. Mit Spritzglasur befestigen.

Aprikosen-Orangen-Biskuitroulade

Für **8** Stücke
Zubereitungszeit **30 Minuten**
Backzeit **18 – 20 Minuten**

Für die Füllung
200 g **getrocknete Apriko-sen**
200 ml **Apfelsaft**

Für den Biskuitteig
4 **Eier**
125 g **Streuzucker** plus extra
  zum Bestreuen
abgeriebene Schale von
  1 **Orange**
125 g **Mehl**, gesiebt

Lassen Sie die Aprikosen und den Apfelsaft in einer Kasserolle zugedeckt etwa 10 Minuten köcheln, bis die Flüssigkeit fast ganz aufgesogen ist. Pürieren, dann abkühlen lassen.

Machen Sie den Biskuitteig. Die Eier, den Zucker und die Orangenschale in eine große, hitzebeständige, über einen Topf mit schwach köchelndem Wasser gehängte Schüssel geben. Mit einem elektrischen Rührstab 5 – 10 Minuten schlagen, bis die Masse dickschaumig ist und der Mixer eine Spur hinterlässt, wenn man ihn herauszieht.

Heben Sie das gesiebte Mehl behutsam unter. Den Teig auf ein 30 x 23 cm großes, mit beschichtetem Backpapier ausgelegtes Backblech (siehe Seite 11) geben und bis in die Ecken verstreichen. Im vorgeheizten Ofen bei 200 °C, Gasstufe 6, 8 – 10 Minuten backen, bis der Biskuit goldbraun ist und beginnt, an den Rändern zu schrumpfen, und an der Oberfläche zurückspringt, wenn man die Fingerspitze leicht eindrückt.

In der Zwischenzeit ein sauberes, feuchtes Küchentuch mit beschichtetem Backpapier bedecken und mit etwas Zucker bestreuen. Rasch den gebackenen Biskuit auf das mit Zucker bestreute Papier stürzen. Sorgfältig das Backpapier abziehen. Das Aprikosenpüree auf der Biskuitplatte verstreichen, dann, beginnend mit der kurzen Seite und mit Hilfe des Papiers, die Teigplatte aufrollen. Abkühlen lassen und noch am selben Tag servieren.

Für eine Erdbeer-Mandel-Biskuitroulade 40 g Mandelblättchen auf die mit Backpapier ausgelegte Form streuen und den Biskuit mit ½ Teelöffel Mandelessenz statt mit Orangenschale würzen. Die Rolle mit 6 Esslöffeln Erdbeermarmelade statt mit Aprikosenpüree füllen und mit gesiebtem Puderzucker bestäuben.

Schokoladen-Trüffel-Kuchen

Für **8** Stücke
Zubereitungszeit **15 Minuten**
Backzeit **40 Minuten**

250 g **dunkle Schokolade**,
  in Stücke gebrochen
125 g **ungesalzene Butter**
50 ml **Schlagsahne**
4 **Eier**, getrennt
125 g **Puderzucker**
2 Esslöffel **Kakaopulver**, gesiebt

Schmelzen Sie die Schokolade, die Butter und die Sahne zusammen in einer hitzebeständigen, über einen Topf mit schwach köchelndem Wasser gehängten Schüssel. Vom Herd nehmen und 5 Minuten abkühlen lassen.

Rühren Sie die Eigelbe mit 75 g Puderzucker schaumig. Die abgekühlte Schokoladenmasse unterrühren.

Schlagen Sie die Eiweiße in einer großen, sauberen Schüssel, bis sie weiche Spitzen ziehen, dann den restlichen Puderzucker zugeben. Die Eigelbmasse mit dem gesiebten Kakaopulver locker unterheben, bis alles gleichmäßig verteilt ist.

Füllen Sie die Teigmasse in eine geölte Springform mit 23 cm Durchmesser, deren Boden mit Backpapier ausgelegt ist und die überall leicht mit etwas Kakaopulver bestäubt wurde. Im vorgeheizten Ofen bei 180 °C, Gasstufe 4, 35 Minuten backen.

Lassen Sie den Kuchen 10 Minuten in der Form abkühlen. Dann auf eine Tortenplatte stürzen. Die Torte in Stücke schneiden. Die Stücke noch warm mit geschlagener Sahne und Erdbeeren servieren.

Für einen Schokoladen-Orangen-Kuchen mit in Cognac eingelegten Orangen die fein abgeriebene Schale von 1 Orange zugeben, wenn der Zucker wie oben unter die Schokoladenmasse gehoben wird. 3 Orangen schälen, die Schalen in Streifen schneiden und in 3 Esslöffeln Cognac und 1 Esslöffel klarem Honig einweichen. Die Orangen mit dem Kuchen und Crème fraîche servieren.

St.-Clements-Kuchen

Für **8** Stücke
Zubereitungszeit **30 Minuten**
Backzeit **20 Minuten**

175 g **Margarine**
175 g **Streuzucker**
175 g **mit Backpulver gemischtes Mehl** (oder 175 g
Mehl mit ⅓ Päckchen Back-
pulver zusammen durchge-
siebt)
1 Teelöffel **Backpulver** extra
3 **Eier**
fein abgeriebene Schale von
1 **Zitrone**
fein abgeriebene Schale von
1 **Orange**
gesiebter **Puderzucker** zum
Bestäuben

Für die Füllung
3 Esslöffel **Zitronenquark**
150 ml **Schlagsahne**,
geschlagen

Verrühren Sie alle Zutaten in einer Rührschüssel oder einer Küchenmaschine zu einem geschmeidigen Teig.

Füllen Sie den Teig gleichmäßig auf 2 gefettete, mit Back-papier ausgelegte runde Backformen mit 18 cm Durchmes-ser. Die Oberfläche glatt streichen. Die Kuchen im vorge-heizten Ofen bei 180 °C, Gasstufe 4, 20 Minuten backen, bis sie schön aufgegangen und goldbraun sind und nach-geben, wenn man sie mit der Fingerspitze leicht eindrückt.

Lassen Sie die Kuchen 5 Minuten in den Backformen ab-kühlen. Dann die Ränder lösen, die Kuchen auf Kuchen-gitter stürzen und das Backpapier abziehen. Auskühlen lassen.

Schieben Sie einen der Kuchen auf eine Kuchenplatte. Mit dem Zitronenquark bestreichen. Die geschlagene Sahne mit dem Löffel obenauf verteilen, dann mit dem anderen Kuchen bedecken. Die Oberseite des Kuchens leicht mit gesiebtem Puderzucker bestäuben. Am besten schmeckt der Kuchen an dem Tag, an dem er gebacken wird.

Für einen Schokoladen-Vanille-Kuchen die Zitronen- und Orangenschale aus der Teigmischung weglassen und 25 g des Mehls durch die gleiche Menge Kakaopulver ersetzen. Wie oben beschrieben backen, dann anstatt mit Zitronenquark mit 3 Esslöffeln Schokoladencreme aus der Tube und 150 ml geschlagener, mit 1 Teelöffel Vanille-essenz gewürzter Sahne füllen.

Schokoladen-Kastanien-Roulade

Für **8** Stücke

Zubereitungszeit **20 Minuten**
  plus Abkühlzeit

Backzeit **25 Minuten**

125 g **dunkle Schokolade**

5 **Eier**, getrennt

175 g **Streuzucker** plus extra
  zum Bestreuen

2 Esslöffel **Kakaopulver**, gesiebt

Puderzucker zum Bestäuben

Für die Füllung

250 g **ungesüßtes Kasta-
  nienpüree**

4 Esslöffel **Puderzucker**

2 Esslöffel **Cognac**

250 ml **Schlagsahne**

Schmelzen Sie die Schokolade in einer hitzebeständigen, über einen Topf mit schwach köchelndem Wasser gehängten Schüssel. Ab und zu umrühren. Vom Herd nehmen und 5 Minuten abkühlen lassen.

Geben Sie die Eigelbe in eine Schüssel. Den Zucker zugeben und 5 Minuten schaumig schlagen. Die geschmolzene Schokolade und das Kakaopulver unterrühren. Die Eiweiße in einer großen, sauberen Schüssel steif schlagen, dann unter die Schokoladenmasse heben und gut vermischen.

Streichen Sie den Teig auf ein gefettetes und mit Backpapier ausgelegtes 33 x 23 cm-Backblech bis in die Ecken. Die Oberfläche mit einem Palettmesser glätten. Im vorgeheizten Ofen bei 180 °C, Gasstufe 4, 20 Minuten backen, bis er aufgegangen und gar ist.

In der Zwischenzeit ein sauberes, feuchtes Küchentuch mit beschichtetem Backpapier bedecken und mit etwas Zucker bestreuen. Den gebackenen Biskuit rasch auf das Backpapier stürzen. Sorgfältig das Backpapier abziehen und die Biskuitplatte mit einem sauberen Küchentuch bedecken. Abkühlen lassen.

Machen Sie die Füllung. Das Kastanienpüree und den Puderzucker in einer Küchenmaschine glatt rühren. In eine Schüssel umfüllen und den Cognac unterrühren. Langsam mit der Sahne zu einer lockeren Masse verschlagen. Die Füllung auf der Biskuitplatte verstreichen, dabei rundum 1 cm Rand lassen, beginnend mit der kurzen Seite, und mit Hilfe des Papiers die Teigplatte aufrollen. Mit Puderzucker bestäuben und servieren.

Schokoladen-Dattel-Kuchen

Für **10** Stücke
Zubereitungszeit **30 Minuten**
Backzeit **25 Minuten**

150 g **gehackte, getrocknete** Datteln
150 ml **kochendes Wasser**
plus 6 Esslöffel
50 g **Kakaopulver**
150 ml **Sonnenblumenöl**
3 **Eier**
175 g **Streuzucker**
175 g **mit Backpulver gemischtes Mehl** (oder 175 g
Mehl mit ¼ Päckchen Back-
pulver zusammen durchge-
siebt)
1 ½ Teelöffel **Backpulver** extra

Für das Finish
150 ml **Schlagsahne**
150 g **Frischkäse**
3 Esslöffel
Schokoladencreme aus
der Tube
5 gekaufte **Schokoladen-
trüffel**, halbiert

Lassen Sie die Datteln in einer Kasserolle in 150 ml kochendem Wasser zugedeckt 5 Minuten weich köcheln.
Nach und nach das Kakaopulver in einer Schüssel mit den
restlichen 6 Esslöffeln kochendem Wasser glatt verrühren.
Beides abkühlen lassen.

Geben Sie das Öl, die Eier und den Zucker in das gelöste
Kakaopulver. Zu einer geschmeidigen Masse verrühren.
Das Mehl und das Backpulver zugeben und wieder rühren.
Die abgekühlten Datteln mit eventuell vorhandener Koch-
flüssigkeit unterrühren und gut vermengen.

Verteilen Sie die Teigmasse gleichmäßig auf 2 gefettete,
mit beschichtetem Backpapier ausgelegte Backformen mit
20 cm Durchmesser. Die Oberflächen glatt streichen. Im
vorgeheizten Ofen bei 180 °C, Gasstufe 4, 20 Minuten backen, bis der Teig schön aufgegangen ist und nachgibt,
wenn man ihn mit der Fingerspitze leicht eindrückt.

Lassen Sie die Kuchen in den Formen 5 Minuten abkühlen.
Dann die Ränder lösen, auf ein Kuchengitter stürzen und
das Backpapier abziehen. Ganz abkühlen lassen.

Schlagen Sie die Sahne, bis sich weiche Spitzen bilden.
Dann den Frischkäse unterheben. Einen der Kuchen auf
eine Platte legen, mit dem Löffel Schokoladencreme und
dann die Hälfte der Sahne darauf verstreichen. Den zweiten Kuchen darauf legen und mit der restlichen Sahne bestreichen. Mit halbierten Schokoladentrüffeln dekorieren.

Für eine Schwarzwälder Torte den Kuchen wie oben beschrieben zubereiten, aber die Datteln weglassen. Beide
Kuchen mit 2 Esslöffeln Kirschwasser beträufeln, dann mit
geschlagener Schlagsahne und Frischkäse füllen und dazu entsteinte Sauerkirschen aus dem Glas auf die mittlere
Schicht und auf die Oberfläche legen.

Kaffeekuchen mit Pistazienkrokant

Für **12** Stücke
Zubereitungszeit **40 Minuten**
Backzeit **30 – 35 Minuten**

6 **Eier**

175 g **Streuzucker**

175 g **Mehl**, gesiebt

50 g **ungesalzene Butter**,
zerlassen

2 Esslöffel gekochter
Espresso, abgekühlt

Für den Krokant

65 g **gehäutete Pistazienkerne**

125 g **Kristallzucker**

50 ml **Wasser**

Für die Ahornsirup-Glasur

6 **Eigelbe**

175 g **Streuzucker**

150 ml **Milch**

375 g **ungesalzene Butter**
bei Raumtemperatur,
gewürfelt

3 Esslöffel **Ahornsirup**

Schlagen Sie Eier und Zucker 5 Minuten in einer hitzebeständigen, über einen Topf mit köchelndem Wasser gehängten Schüssel, bis die Masse dick ist und der Schneebesen eine Spur hinterlässt. Vom Herd nehmen, dann Mehl,
Butter und Espresso unterheben.

Füllen Sie die Masse in eine geölte und mit Backpapier
ausgelegte Backform mit 23 cm Durchmesser. Im vorgeheizten Ofen bei 180 °C , Gasstufe 4, 25 – 30 Minuten backen. 5 Minuten abkühlen lassen, dann auf ein Kuchengitter stürzen. Den Kuchen in drei Schichten teilen.

Breiten Sie die Pistazienkerne auf einem Backblech aus.
Zucker und Wasser in einem Topf erwärmen, bis sich der
Zucker aufgelöst hat. Die Hitze hochstellen, bis der Zucker
goldgelb wird. Vom Herd nehmen und über die Pistazienkerne gießen. Den erkalteten Krokant mit dem Messer hacken und dann im Mixer fein zerkleinern.

Rühren Sie Eigelbe und Zucker schaumig. Die Milch bis
kurz vor dem Kochen erwärmen, dann mit dem Schneebesen unter die Eimischung schlagen. Wieder in den Topf füllen und unter Rühren langsam erwärmen, bis die Mischung
den Rücken des Kochlöffels überzieht. Den Topf vom Herd
nehmen, die Masse 2 – 3 Minuten schlagen und dann nach
und nach die Butter zugeben, bis die Mischung dick und
glänzend ist. Den Ahornsirup unterrühren.

Heben Sie die Hälfte des Krokants unter die Hälfte der
Glasur. Die Schichten damit bestreichen und zusammensetzen. Die restliche Glasur über die Oberseite und den Rand
der Torte streichen. Mit Krokant bestreuen.

Für einen Schokoladenkuchen mit Haselnusskrokant 25 g
des Mehls durch Kakaopulver ersetzen und statt der Pistazien abgezogene Haselnüsse verwenden.

Heidelbeer-Meringe-Roulade

Für **8** Stücke
Zubereitungszeit **30 Minuten**
 plus Abkühlzeit
Backzeit **15 Minuten**

4 **Eiweiße**
250 g **Streuzucker** plus extra
 zum Bestreuen
1 Teelöffel **Weißweinessig**
1 Teelöffel **Stärkemehl**

Für die Füllung
abgeriebene Schale von
 1 **Limone**
300 ml **Schlagsahne**,
 geschlagen
150 g **Heidelbeeren**
3 **Passionsfrüchte**, halbiert

Schlagen Sie die Eiweiße in einer großen, sauberen Schüssel steif. Nach und nach den Zucker teelöffelweise einrieseln lassen, bis er verbraucht ist. Ein paar Minuten weiterschlagen, bis die Meringemasse dick und glänzend ist.

Mischen Sie den Essig mit der Stärke. Dann unter die Meringemasse ziehen. Die Masse mit dem Löffel auf ein 33 x 23 cm großes Blech füllen, das mit an den Rändern etwas überstehendem Backpapier ausgelegt ist. Die Oberfläche glatt streichen. Im vorgeheizten Ofen bei 190 °C, Gasstufe 5, 10 Minuten backen, bis der Biskuit Farbe bekommt und aufgegangen ist, dann die Hitze 5 Minuten lang auf 160 °C, Gasstufe 3, reduzieren, bis er bei Berührung leicht fest bleibt und die Oberfläche etwas rissig ist.

In der Zwischenzeit ein sauberes, feuchtes Küchentuch mit beschichtetem Backpapier bedecken und mit etwas Zucker bestreuen. Den Meringeboden auf das mit Zucker bestreute Papier stürzen. Das Blech entfernen. 1 – 2 Stunden abkühlen lassen. Sorgfältig das Backpapier abziehen.

Heben Sie die Limonenrinde in die geschlagene Sahne. Auf dem Meringeboden verteilen, dann mit Heidelbeeren und Passionsfruchtkernen bestreuen. Beginnend mit der kurzen Seite und mit Hilfe des Papiers die Meringeplatte aufrollen. Am selben Tag servieren.

Für eine Erdbeerroulade mit Minze die Meringeplatte mit geschlagener Sahne, unter die ein frisch gehacktes kleines Bund Minze und 250 g grob gehackte Erdbeeren gehoben werden, bestreichen. Die Roulade wie oben beschrieben zubereiten und mit halbierten kleinen Erdbeeren und mit Minzeblättern, die mit gesiebtem Puderzucker bestreut werden, dekorieren.

Familien-Schokoladenkuchen

Für **8** Stücke
Zubereitungszeit **20 Minuten**
  plus Abkühlzeit
Backzeit **30 Minuten**

125 g **Streuzucker**
4 **Eier**
100 g **mit Backpulver ge-**
  mischtes Mehl (oder 100 g
  Weizenmehl mit knapp
  ¼ Päckchen Backpulver zusammen durchgesiebt)
25 g **Kakaopulver**
40 g **ungesalzene Butter**,
  zerlassen
1 Teelöffel **Vanilleextrakt**

Für die Glasur
375 g **dunkle Schokolade**,
  in Stücke gebrochen
250 g **ungesalzene Butter**
100 g Puderzucker, gesiebt

Geben Sie den Zucker und die Eier in eine hitzebeständige, über einen Topf mit schwach köchelndem Wasser gehängte Schüssel. Mit einem elektrischen Handrührgerät 5 – 10 Minuten schlagen, bis die Masse sehr dick und schaumig ist und der Mixer eine Spur hinterlässt, wenn man ihn herauszieht.

Sieben Sie das Mehl und das Kakaopulver dazu. Vorsichtig mit der zerlassenen Butter und der Vanille unter die Masse heben, bis alles gut vermengt ist.

Füllen Sie den Teig in eine geölte und am Boden mit Backpapier ausgelegte 20-cm-Springform. Im vorgeheizten Ofen bei 180 °C, Gasstufe 4, 25 Minuten backen, bis der Teig aufgegangen ist und bei Berührung fest bleibt. Aus dem Ofen nehmen und 5 Minuten in der Form abkühlen lassen. Auf ein Kuchengitter stürzen und ganz auskühlen lassen.

Machen Sie die Glasur. Die Schokolade und die Butter in einer hitzebeständigen, über einen Topf mit schwach köchelndem Wasser gehängten Schüssel schmelzen lassen. Vom Herd nehmen und den Puderzucker unterrühren. Zum Abkühlen beiseite stellen und dann 1 Stunde im Kühlschrank dick werden lassen. Schlagen, bis die Masse hell und locker ist.

Schneiden Sie den Kuchen in der Mitte waagerecht durch. Mit der Hälfte der Glasur wieder zusammensetzen. Mit der restlichen Glasur und dem Palettenmesser die Oberfläche und die Seiten der Torte bestreichen.

Für einen Schokoladen-Orangen-Kuchen die fein abgeriebene Schale von 1 Orange beim Schlagen zum Zucker und zu den Eiern geben und wie oben weitermachen. Den glasierten Kuchen mit Orangenschalenraspeln dekorieren.

Saftiger Kaffeekuchen

Für **8** Stücke
Zubereitungszeit **30 Minuten**
Backzeit **20 Minuten**

175 g weiche **Margarine**
175 g **Streuzucker**
175 g **mit Backpulver gemischtes Mehl** (oder 175 g
Mehl mit ¼ Päckchen Back-
pulver zusammen durchge-
siebt)
1 Teelöffel **Backpulver** extra
3 **Eier**
3 Teelöffel **Instant-Kaffee**, in
2 Teelöffeln kochendem
Wasser gelöst

Für die Glasur
75 g **Butter** bei Raum-
temperatur
150 g **Puderzucker**, gesiebt
3 Teelöffel **Instant-Kaffee**, in
2 Teelöffeln kochendem
Wasser gelöst
50 g **dunkle Schokolade**,
geschmolzen

Rühren Sie alle Kuchenzutaten in einer Rührschüssel oder einer Küchenmaschine glatt.

Verteilen Sie die Masse gleichmäßig auf 2 gefettete, mit geöltem Backpapier ausgelegte Backformen mit 20 cm Durchmesser. Die Oberflächen glatt streichen. Im vorge-heizten Ofen bei 180 °C, Gasstufe 4, 20 Minuten backen, bis die Kuchen aufgegangen und gebräunt sind und nach-geben, wenn man sie mit der Fingerspitze leicht eindrückt.

Lassen Sie die Kuchen ein paar Minuten ruhen. Dann die Ränder lösen, auf ein Kuchengitter stürzen und das Back-papier abziehen. Auskühlen lassen.

Machen Sie die Kuvertüre. Die Butter und die Hälfte des Puderzuckers in einer Rührschüssel geben, den gelösten Kaffee zugeben und glatt rühren. Nach und nach den rest-lichen Puderzucker einrühren, bis die Masse hell und cre-mig ist.

Setzen Sie einen der Kuchen auf eine Kuchenplatte. Mit der Hälfte der Kuvertüre bestreichen, dann mit dem ande-ren Kuchen bedecken. Die restliche Kuvertüre obenauf ver-streichen. Auf die Oberseite geschmolzene Schokolade in beliebigen Linien träufeln oder spritzen. Dieser Kuchen kann in einer Kuchendose 2 – 3 Tage an einem kühlen Ort aufbewahrt werden.

Für einen Zimt-Haselnuss-Kuchen den gelösten Kaffee in dem Teig durch 1 Teelöffel gemahlenen Zimt und 50 g ge-röstete und gehackte Haselnüsse ersetzen. Den Kuchen mit der Ahornkuvertüre von Seite 168 füllen und bestrei-chen. Mit grob gehackten Haselnüssen bestreuen und zum Schluss mit gemahlenem Zimt bestäuben.

Möhren-Walnuss-Kuchen

Für **10** Stücke
Zubereitungszeit **40 Minuten**
Backzeit **25 Minuten**

150 ml **Sonnenblumenöl**
3 **Eier**
175 g heller **Roh-Rohrzucker**
(Muskovade)
175 g **mit Backpulver gemischtes Mehl** (oder 175 g
Mehl mit ¼ Päckchen Back-
pulver zusammen durchge-
siebt)
1½ Teelöffel **Backpulver** extra
abgeriebene Schale von
½ **Orange**
1 Teelöffel **gemahlener Zimt**
150 g **Möhren**, grob gerieben
50 g **Walnüsse**, fein gehackt

Für die Ahornkuvertüre
250 ml **Ahornsirup**
2 **Eiweiße**
Prise **Salz**

Zum Verzieren
5 **Walnusshälften**, halbiert

Rühren Sie das Öl, die Eier und den Zucker in einer Rührschüssel glatt.

Geben Sie das Mehl, das Backpulver, die Orangenschale
und den gemahlenen Zimt dazu. Glatt rühren. Die geriebenen Möhren und gehackten Nüsse unterrühren. Die Masse
auf 2 gefettete und am Boden mit Backpapier ausgelegte
Kuchenformen mit 20 cm Durchmesser verteilen. Glatt
streichen.

Backen Sie die Kuchen im vorgeheizten Ofen bei 180 °C,
Gasstufe 4, ungefähr 20 Minuten, bis sie oben nachgeben,
wenn man die Fingerspitze eindrückt. 5 Minuten abkühlen
lassen, dann auf ein Kuchengitter stürzen und das Backpapier abziehen. Abkühlen lassen.

Machen Sie die Ahornkuvertüre. Den Ahornsirup in eine
Kasserolle gießen und auf 115 °C auf einem Zuckerthermometer erhitzen. Während die Temperatur zu steigen beginnt,
die Eiweiße und das Salz in einer sauberen Schüssel steif
schlagen. Wenn der Sirup fertig ist, tropfenweise in die Eiweiße rühren, bis die Kuvertüre wie eine Baisermasse ist.
Ein paar Minuten weiterschlagen, bis sie sehr dick ist.

Schneiden Sie jeden Kuchen waagerecht durch. Dann
4 Schichten mit Kuvertüre übereinanderlegen. Auf eine
Kuchenplatte schieben, dann den Rest der Kuvertüre
spiralförmig oben und an den Seiten verteilen. Oben mit
Walnussstücken dekorieren.

Für einen pikanten Apfelkuchen mit Calvadoscreme den
Kuchen ohne die Orangenschale, die Möhren und die
Walnüsse zubereiten. Stattdessen 200 g geschälte, entkernte und grob geriebene Äpfel zugeben. Backen wie
oben, dann mit 150 ml Schlagsahne, geschlagen und mit
2 Esslöffeln Calvados und 2 Esslöffeln dünnen Honig vermischt, zusammensetzen. Mit Puderzucker bestäuben.

Sandwich-Kuchen

Für **8** Stücke
Zubereitungszeit **20 Minuten**
Backzeit **20 Minuten**

175 g **Butter** bei Raumtemperatur
175 g **Streuzucker**
175 g **braunes Reismehl**
3 **Eier**
1 Esslöffel **Backpulver**
ein paar Tropfen **Vanille-
essenz**
1 Esslöffel **Milch**

Zum Verzieren
4 Esslöffel **Himbeer-
marmelade**
gesiebter **Puderzucker** zum
Bestäuben

Rühren Sie alle Kuchenzutaten in einer Rührschüssel oder einer Küchenmaschine schön glatt.

Verteilen Sie den Teig gleichmäßig auf 2 gefettete und mit Mehl bestäubte, beschichtete runde Kuchenformen mit 18 cm Durchmesser. Im vorgeheizten Ofen bei 200 °C, Gasstufe 6, ungefähr 20 Minuten backen, bis der Teig gold-braun und aufgegangen ist.

Nehmen Sie die Kuchen aus dem Ofen. Zum Abkühlen auf ein Kuchengitter stürzen. Die Kuchen mit der Marmelade zusammensetzen und mit Puderzucker bestäuben.

Für einen Schokoladen-Geburtstagskuchen den Kuchen wie oben zubereiten, dabei 1 Esslöffel Reismehl durch Kakaopulver ersetzen. Eine Schokoladenglasur herstellen: 2 Esslöffel Kakaopulver in 2 Esslöffeln kochendem Was-ser auflösen und abkühlen lassen. 375 g Puderzucker und 175 g weiche Butter cremig rühren, dann den aufgelösten Kakao zufügen und unterrühren. Den Kuchen damit füllen und außen bestreichen.

Schokoladen-Guinnesskuchen

Für **10** Stücke
Zubereitungszeit **40 Minuten**
  plus Ruhe- und Abkühl-
  zeit
Backzeit **45 – 55 Minuten**

125 g **Butter** bei Raumtemperatur
250 g heller **Roh-**
  Rohrzucker (Muskovade)
175 g **Mehl**
50 g **Kakaopulver**
½ Teelöffel **Backpulver**
1 Teelöffel **Natron**
3 **Eier**, verquirlt
200 ml **Guinness** oder anderes **Stout**
25 g **weiße Schokoladen-**
  röllchen zum Verzieren
gesiebtes **Kakaopulver** zum
  Bestäuben

Für die Weiße-Schokolade-
  Kuvertüre
200 ml **Schlagsahne**
200 g **weiße Schokolade**, in
  Stücke gebrochen

Rühren Sie die Butter und den Zucker in einer Rührschüssel cremig. Das Mehl, den Kakao, das Backpulver und das Natron in eine Schüssel sieben. Nach und nach löffelweise und abwechselnd Eier, Mehlmischung und Guinness unterrühren, bis alles verbraucht ist und die Masse glatt ist.

Geben Sie den Teig mit dem Löffel in eine gefettete und am Boden mit geöltem Backpapier ausgelegte 20-cm-Springform. Oben glatt streichen. Im vorgeheizten Ofen bei 160 °C, Gasstufe 3, 45 – 55 Minuten backen, bis der Teig gut aufgegangen und an der Oberfläche leicht rissig ist und ein in die Mitte gestochenes Holzstäbchen beim Herausziehen sauber bleibt. Zum Abkühlen 10 Minuten in der Form lassen, dann die Ränder lösen, auf ein Kuchengitter stürzen und das Backpapier abziehen.

Machen Sie die Weiße-Schokolade-Kuvertüre. Die Hälfte der Sahne in einer kleinen Kasserolle knapp zum Kochen bringen, dann vom Herd nehmen. Die Schokolade zugeben und 10 Minuten beiseite stellen, bis sie geschmolzen ist. Umrühren, dann 15 Minuten in den Kühlschrank stellen. Die restliche Sahne schlagen, dann die Schokoladencreme hineinschlagen, bis sie dick ist. Noch einmal 15 Minuten in den Kühlschrank stellen.

Schieben Sie den Kuchen auf eine Kuchenplatte. Die Schokoladencreme löffelweise darübergeben. Mit den Schokoladenröllchen dekorieren und mit gesiebtem Kakaopulver bestäuben.

Kirsch-Orangen-Roulade

Für **8** Stücke
Zubereitungszeit **30 Minuten**
plus **Abkühlzeit**
Backzeit **20 Minuten**

5 große **Eier**, getrennt
250 g **Streuzucker** plus extra
zum Bestäuben
100 g **Mehl**, gesiebt
abgeriebene Schale von
1½ **Orangen**
40 g **Mandelblättchen**
300 g **Magerquark**
425 g **entsteinte schwarze
Kirschen** aus dem Glas,
abgetropft
ein paar **frische Kirschen**
(nach Belieben)

Geben Sie die Eigelbe und 175 g des Zuckers in eine große, hitzebeständige, über einen Topf mit köchelndem Wasser gehängte Schüssel. Cremig schlagen. Vom Herd nehmen und vorsichtig des gesiebte Mehl und die Schale von
1 Orange unterheben. Die Eiweiße in einer großen Schüssel schlagen, bis sie steif sind, aber feucht aussehen. Einen
großen Löffel davon in die Eigelbmischung geben, damit
sie lockerer wird, dann den Rest unterheben.

Füllen Sie die Masse in eine 30 x 23 cm große, mit Back-
papier ausgelegte Backform. Bis in die Ecken verstreichen.
Mit den Mandelblättchen bestreuen und im vorgeheizten
Ofen bei 180 °C, Gasstufe 4, 15 Minuten backen, bis die
Roulade aufgegangen ist und sich locker anfühlt. Aus dem
Ofen nehmen und abkühlen lassen.

Schlagen Sie den Quark mit der restlichen Orangenschale
und der Hälfte des restlichen Zuckers.

Bedecken Sie ein feuchtes Küchentuch mit beschichtetem
Backpapier. Mit dem restlichen Zucker bestreuen. Roulade
auf das Papier stürzen. Backpapier abziehen.

Verstreichen Sie die Quarkmischung auf dem Teig. Mit den
Kirschen belegen und dann, beginnend mit der kurzen Sei-
te und mit Hilfe des Papiers, die Roulade aufrollen. Auf eine
Kuchenplatte schieben, frische Kirschen zugeben und zum
Servieren in dicke Scheiben schneiden.

Für einen Passionsfrucht-Mango-Kuchen den Biskuitteig
ohne die Orangenschale zubereiten und wie oben beschrieben backen. Wenn er gar ist, quer in drei Streifen
schneiden. Die Streifen mit 300 ml geschlagener Sahne,
1 geschälten und vom Stein gelösten Mango sowie dem
Fruchtfleisch von 3 Passionsfrüchten belegen und aufeinandersetzen.

Zitronen-Polenta-Kuchen

Für **8 – 10** Stücke
Zubereitungszeit **20 Minuten**
Backzeit **30 Minuten**

125 g **Mehl**
1½ Teelöffel **Backpulver**
125 g **Polenta**
3 **Eier**, plus 2 **Eiweiße**
175 g **Rohrzucker** (golden
    caster sugar)
abgeriebene Schale und Saft
    von 2 **Zitronen**
100 ml **Pflanzenöl**
150 ml **Buttermilch**

Für die Rotwein-Erdbeeren
300 ml **Rotwein**
1 **Vanilleschote**, ausgekratzt
150 g **Streuzucker**
2 Esslöffel **Balsamico-Essig**
250 g **Erdbeeren**, entstielt
    und geputzt

Sieben Sie das Mehl und das Backpulver in einer Rührschüssel. Die Polenta unterrühren und beiseite stellen.

Schlagen Sie die Eier, die Eiweiße und den Zucker in einer anderen Schüssel mit einem elektrischen Handrührgerät 3 – 4 Minuten, bis die Masse hell und sehr dick ist. Die Polentamischung, die Schale und den Saft der Zitronen, das Pflanzenöl und die Buttermilch unterheben, sodass sich ein glatter Teig ergibt.

Füllen Sie den Teig in eine geölte und am Boden mit Backpapier ausgelegte 25-cm-Springform. Im vorgeheizten Ofen bei 180 °C, Gasstufe 4, 30 Minuten backen, bis er aufgegangen und fest ist. In der Form 10 Minuten abkühlen lassen, dann die Ränder lösen, auf ein Kuchengitter stürzen und das Backpapier abziehen. Abkühlen lassen.

In der Zwischenzeit die Rotwein-Erdbeeren vorbereiten. Wein, Vanille und Zucker in eine Kasserolle geben und vorsichtig wärmen, bis der Zucker gelöst ist. Die Hitze erhöhen und 10 – 15 Minuten köcheln lassen, bis die Flüssigkeit reduziert und sirupartig ist. Abkühlen lassen, dann Balsamico-Essig und Erdbeeren einrühren.

Schneiden Sie den Kuchen in Stücke und servieren Sie ihn als Dessert mit den Erdbeeren in ihrem Sirup.

Für einen Zitronenkuchen die Rotwein-Beigabe weglassen. Den Kuchen wie oben beschrieben zubereiten. Die fein geriebenen Schalen und den Saft von 2 Zitronen in einer Kasserolle mit 200 g Streuzucker und 2 Esslöffeln Wasser erwärmen, bis der Zucker sich gerade eben aufgelöst hat. Den gebackenen Kuchen auf eine Kuchenplatte stürzen und den heißen Sirup mit einem Löffel darübergeben. Abkühlen und den Sirup einziehen lassen. In Stücke geschnitten und mit geschlagener Sahne servieren.

Schokoladen-Haselnuss-Gâteau

Für **8 – 10** Stücke

Zubereitungszeit **30 Minuten**
 plus Kühlzeit

Backzeit **1 – 1¼ Stunden**

5 **Eier**, getrennt

300 g **Streuzucker**

1 Esslöffel **Maisstärke**

125 g blanchierte **Haselnüsse**, geröstet und fein
gemahlen

Kakaopulver zum Bestäuben

Für die Füllung

250 g **dunkle Schokolade**,
in Stücke gebrochen

200 ml **Schlagsahne**

**Für die Schokoladen-
Haselnüsse**

50 g **Haselnüsse**

50 g **dunkle Schokolade**,
geschmolzen

Schlagen Sie die Eiweiße in einer großen Schüssel steif. Den gesamten Zucker esslöffelweise dazugeben. Weiterschlagen, bis die Meringemasse dick und glänzend ist. Die Maisstärke und die gemahlenen Haselnüsse unterheben, dann die Masse mit einem Löffel in eine große Spritztüte mit einer 1-cm-Lochtülle füllen.

Ziehen Sie einen Kreis mit 23 cm Durchmesser auf 3 Bögen Backpapier. Beginnend in der Mitte jedes Kreises die Masse spiralförmig auftragen, bis sie an der Kreislinie endet. Alle 3 im vorgeheizten Ofen bei 150 °C, Gasstufe 2, 1 – 11/4 Stunden backen, bis sie hellgelb und trocken sind. Zum Abkühlen auf ein Kuchengitter schieben.

Erwärmen Sie die Schokolade und die Sahne in einer hitzebeständigen, über einen Topf mit schwach köchelndem Wasser gehängten Schüssel. Umrühren, bis die Schokolade geschmolzen ist. Vom Herd nehmen und abkühlen lassen, dann 1 Stunde in den Kühlschrank stellen und dick werden lassen.

Machen Sie die Schokoladen-Haselnüsse. Mit Hilfe einer Gabel die Haselnüsse in die geschmolzene Schokolade tauchen. Auf Backpapier legen und fest werden lassen.

Schlagen Sie die Schokoladenfüllung, bis sie leicht und locker ist. Mit der Füllung die 3 Meringeböden aufeinandersetzen. Mit den Schokoladen-Haselnüssen dekorieren und mit Kakaopulver bestäubt servieren.

Für eine Aprikosen-Mandel-Dacquoise die Haselnüsse durch gemahlene Mandeln ersetzen. Für die Füllung 175 g getrocknete Aprikosen mit Wasser bedecken und in einer Kasserolle 10 Minuten kochen. Pürieren, abkühlen, dann unter 300 ml geschlagene Sahne heben.

Kuchen pur

Pfefferkuchen

Für **10** Stücke
Zubereitungszeit **25 Minuten**
  plus Abkühlen
Backzeit **45 – 55 Minuten**

125 g **Butter**
125 g **Rosinen**
125 g **Korinthen**
75 g **Sultaninen**
150 g heller **Roh-Rohrzucker**
  (Muskovade)
150 ml **Wasser**
300 g mit **Backpulver**
  gemischtes Mehl (oder
  300 g Mehl mit ½ Päckchen
  Backpulver zusammen
  durchgesiebt)
1 Teelöffel **Pfefferkörner**,
  grob zerdrückt
1 Teelöffel ganze **Nelken**,
  grob zerdrückt
1 Teelöffel **gemahlener**
  Ingwer
2 **Eier**

Geben Sie die Trockenfrüchte, den Zucker und das Wasser in eine Kasserolle. Zum Kochen bringen. 5 Minuten langsam erwärmen, dann 15 Minuten abkühlen lassen.

Geben Sie das Mehl, die zerdrückten Pfefferkörner, die zerdrückten Nelken und den Ingwer in eine Rührschüssel. Die Früchtemasse und die Eier zugeben und zu einer weich tropfenden Konsistenz verrühren.

Füllen Sie den Teig in eine gefettete und am Boden mit Backpapier ausgelegte 20-cm-Springform. Die Oberfläche glatt streichen, dann im vorgeheizten Ofen bei 160 °C, Gasstufe 3, 45 – 55 Minuten backen, bis er schön aufgegangen und die Oberfläche etwas rissig ist. (Wenn Sie einen Umluftherd haben, müssen Sie vielleicht nach 30 Minuten den Kuchen mit Alufolie abdecken, damit er oben nicht zu braun wird.)

Lassen Sie den Kuchen 10 Minuten abkühlen. Dann die Ränder lösen, auf ein Kuchengitter stürzen und das Backpapier abziehen. Vollständig abkühlen lassen. In einer luftdicht verschlossenen Dose bis zu 3 Tage lagern.

Für einen leichten Früchtekuchen das oben beschriebene Rezept befolgen, aber die Pfefferkörner, die ganzen Nelken und den gemahlenen Ingwer weglassen und stattdessen 1 Teelöffel gemischte Gewürze (Muskatnüsse, Sukkaden und Trockenfrüchte) zugeben.

Bananen-Dattel-Walnuss-Kuchen

Für **10** Stücke
Zubereitungszeit **25 Minuten**
Backzeit **1 Stunde 10 Minu-
ten – 1¼ Stunden**

400 g **Bananen**, mit Schale
gewogen
1 Esslöffel **Zitronensaft**
300 g **mit Backpulver gemischtes Mehl** (oder 250 g
Mehl mit ½ Päckchen Back-
pulver zusammen durchge-
siebt)
1 Teelöffel **Backpulver** extra
125 g **Streuzucker**
125 g **Butter**, zerlassen
2 **Eier**, verquirlt
175 g **getrocknete Datteln**
50 g **Walnussstücke**

Zum Verzieren
Walnusshälften
Bananenchips

Schälen Sie die Bananen. Dann mit dem Zitronensaft beträufeln zerdrücken.

Geben Sie das Mehl, das Backpulver und den Zucker in
eine Rührschüssel. Die zerdrückten Bananen, die zerlassene Butter und die Eier zugeben und vermischen. Die Datteln und die Walnussstücke unterrühren, dann mit dem Löffel in eine gefettete 1-kg-Kastenform füllen, deren Boden
und 2 Längsseiten mit geöltem Pergamentpapier ausgelegt
sind. Die Oberfläche glatt streichen und mit Walnusshälften
und, falls gewünscht, mit Bananenchips dekorieren.

Schieben Sie die Form in die Mitte des vorgeheizten Ofens.
Bei 160 °C, Gasstufe 3, 1 Stunde 10 Minuten – 1¼ Stunden backen, bis der Kuchen schön aufgegangen ist, die
Oberfläche aufreißt und ein in die Mitte gestochenes Holzstäbchen beim Herausziehen sauber bleibt. 10 Minuten abkühlen lassen, dann die Ränder lösen, auf ein Kuchengitter
stürzen und das Backpapier abziehen. Vollständig auskühlen lassen. In einer luftdicht verschlossenen Dose bis zu
5 Tage lagern.

Für einen Kirsch-Aprikosen-Schokoladenkuchen je 75 g
gewürfelte dunkle Schokolade, grob gehackte kandierte
Kirschen und gewürfelte getrocknete Aprikosen statt der
Datteln und der Walnüsse nehmen. In die Kastenform füllen und wie oben beschrieben backen. Die Oberseite des
abgekühlten Kuchens mit 75 g geschmolzener dunkler
Schokolade beträufeln.

Jamaikanischer Ingwerkuchen

Für **10** Stücke
Zubereitungszeit **30 Minuten**
Backzeit **50 – 60 Minuten**

150 g **Butter**
150 g **Stärkesirup**
150 g **Rübensirup**
150 g **Mehl**
150 g **Vollkornweizenmehl**
4 Teelöffel **gemahlener Ingwer**
1 Teelöffel **gemahlene gemischte Gewürze**
1 Teelöffel **Natron**
2 **Eier**, verquirlt
4 Esslöffel **Milch**

Für den Belag
1 Esslöffel **Aprikosenmarmelade**
125 g **exotische Trockenfrüchte**, in Streifen geschnitten
1 **Ingwerstücke**, abgetropft und in Scheiben geschnitten

Geben Sie die Butter und die beiden Siruparten in eine Kasserolle. Unter gelegentlichem Umrühren vorsichtig erwärmen, bis die Butter geschmolzen ist. Vom Herd nehmen und 5 Minuten abkühlen.

Vermischen Sie alle trockenen Zutaten in einer großen Rührschüssel. Nach und nach die Sirupmischung untermischen, dann die Eier und die Milch zugeben und alles zu einem geschmeidigen Teig verarbeiten.

Füllen Sie den Teig in eine gefettete 1-kg-Kastenform, deren Boden und 2 Längsseiten mit geöltem Pergamentpapier ausgelegt sind. Im vorgeheizten Ofen bei 160 °C, Gasstufe 3, 50 – 60 Minuten backen, bis er schön aufgegangen und an der Oberfläche rissig ist und ein in die Mitte gestochenes Holzstäbchen beim Herausziehen sauber bleibt. In der Form 10 Minuten abkühlen lassen, dann die Ränder lösen und mit Hilfe des Backpapiers aus der Form heben. Auf ein Kuchengitter schieben, das Backpapier abziehen und auskühlen lassen.

Bestreichen Sie den Kuchen oben mit Aprikosenmarmelade. Dann mit Streifen exotischer Trockenfrüchte und Ingwer dekorieren.

Für einen Parkin den Ingwerkuchen wie oben beschrieben zubereiten, aber das Vollkornweizenmehl durch 150 g Hafermehl oder -kleie ersetzen. In einer 20 x 20 cm großen Kuchenform backen, deren Boden und Seiten mit beschichtetem Backpapier ausgelegt sind. Bei 150 °C, Gasstufe 2, 50 – 60 Minuten backen, bis er bei Berührung fest bleibt. Nach dem Abkühlen aus der Form nehmen und in Pergamentpapier einschlagen. Vor dem Servieren in 16 Würfel schneiden.

Whisky-Kuchen

Für **24** Stücke
Zubereitungszeit **40 Minuten**
   plus Ziehzeit über Nacht
Backzeit **3½ – 3¾ Stunden**

1 kg **Trockenfrucht-
   mischung**
4 Esslöffel **Whisky**
50 g **kandierter Ingwer**
abgeriebene Schale und Saft
   von 1 **Zitrone**
300 g **Mehl**
2 Teelöffel **gemahlene gemischte Gewürze**
1 Teelöffel **gemahlener Zimt**
250 g **Butter** bei Raumtemperatur
250 g **dunkler Rohrzucker**
   (Muskovade)
5 **Eier**, verquirlt
50 g **Pekannüsse**, grob gehackt

Zum Verzieren
11 kandierte **Kirschhälften**
11 **Pekannüsse**

Geben Sie Trockenfrüchte, Whisky, kandierten Ingwer sowie Schale und Saft der Zitrone in eine Schüssel. Vermischen, zudecken und über Nacht durchziehen lassen.

Mischen Sie das Mehl mit den Gewürzen. Die Butter und
den Zucker in einer Rührschüssel schaumig rühren.

Geben Sie abwechselnd löffelweise verquirltes Ei und Mehl
zu, bis alles aufgebraucht und die Masse geschmei-dig ist.
Nach und nach die Früchte und Nüsse untermischen, bis
alles gleichmäßig verteilt ist.

Füllen Sie den Teig in eine tiefe, runde Kuchenform mit
20 cm Durchmesser, deren Boden und Seiten mit Backpapier ausgelegt sind. Die Oberfläche glatt streichen. Die
Kirschhälften und Pekannüsse am oberen Rand anordnen.
Auf der mittleren Schiene im vorgeheizten Ofen bei 140 °C,
Gasstufe 1, 3½–3¾ Stunden backen, bis ein in die Mitte
gestochenes Holzstäbchen beim Herausziehen sauber
bleibt. In der Form 30 Minuten abkühlen lassen, dann die
Ränder lösen, auf ein Kuchengitter stürzen und das Backpapier abziehen. Ganz auskühlen lassen. Nach Wunsch mit
einem Streifen Wachspapier und Bast dekorieren. In einer
luftdichten Dose bis zu 2 Wochen lagern.

Für einen Früchtekuchen Whisky weglassen und die
Früchte in der abgeriebenen Schale und dem Saft von
1 Zitrone ziehen lassen. Kirschen und Pekannüsse als
Belag weglassen und den Kuchen backen wie oben
beschrieben. Nach dem Abkühlen den Kuchen auf ein
Kuchenbrett schieben und oben und an den Seiten mit
4 Esslöffeln durchs Sieb passierte Aprikosenmarmelade
bepinseln. Mit 450 g dünn ausgerolltem Marzipan, dann
500 g Fertigglasur umhüllen. Oben und an den Seiten
glatt streichen und überstehendes Marzipan abschneiden.

Apfelwein-Feigen-Kuchen

Für **10** Stücke

Zubereitungszeit **20 Minuten plus Ziehzeit**

Backzeit **1 Stunde – 1 Stunde 10 Minuten**

300 ml **Cidre (Apfelwein)**

1 großer **Kochapfel**, ungefähr 300 g schwer, entkernt, geschält und klein geschnitten

175 g **getrocknete Feigen**, gehackt

150 g **Streuzucker**

300 g mit **Backpulver gemischtes Mehl** (oder 300 g Mehl mit ½ Päckchen Backpulver zusammen durchgesiebt)

2 **Eier**, verquirlt

1 Esslöffel **Sonnenblumenkerne**

1 Esslöffel **Kürbiskerne**

Gießen Sie den Apfelwein in eine Kasserolle. Den Apfel und die Feigen zugeben und zum Kochen bringen. 3 – 5 Minuten köcheln lassen, bis der Apfel gar, aber noch fest ist. Den Topf vom Herd nehmen und 4 Stunden durchziehen lassen.

Mischen Sie den Zucker, das Mehl und die Eier unter die eingeweichten Früchte. Gut umrühren.

Füllen Sie den Teig mit dem Löffel in eine gefettete 1-kg-Kastenform, deren Boden und 2 Längsseiten mit geöltem Pergamentpapier ausgelegt sind. Die Oberfläche glatt streichen. Mit den Kernen bestreuen und auf der mittleren Schiene des vorgeheizten Ofens bei 160 °C, Gasstufe 3, 1 Stunde – 1 Stunde 10 Minuten backen, bis der Teig schön aufgegangen ist, die Oberfläche ein paar Risse zeigt und ein in die Mitte gestochenes Holzstäbchen beim Herausziehen sauber bleibt.

Lassen Sie den Kuchen in der Form 10 Minuten abkühlen. Dann die Ränder lösen und den Kuchen mit Hilfe des Backpapiers aus der Form heben. Auf ein Kuchengitter schieben, das Backpapier abziehen und vollständig auskühlen lassen. Zum Servieren in Scheiben schneiden und mit etwas Butter bestreichen. In einer luftdicht verschlossenen Dose bis zu 1 Woche haltbar.

Für einen Apfel-Trockenfrucht-Kuchen den Apfel wie oben beschrieben in 300 ml Apfelsaft statt Apfelwein mit 175 g Trockenfruchtmischung statt der getrockneten Feigen kochen. Wie oben weitermachen, den Teig in die Form füllen und die Oberseite, wenn gewünscht, mit grob zerdrückten Zuckerstückchen bestreuen.

Birnen-Kardamom-Sultaninen-Kuchen

Für **10** Stücke
Zubereitungszeit **20 Minuten**
Backzeit 1¼ – 1½ **Stunden**

125 g **ungesalzene Butter**
bei Raumtemperatur
125 g **heller weicher brauner Zucker**
2 **Eier**, leicht verquirlt
250 g **mit Backpulver gemischtes Mehl** (oder 250 g Mehl mit ½ Päckchen Backpulver zusammen durchgesiebt)
1 Teelöffel **gemahlener Kardamom**
4 Esslöffel **Milch**
500 g **Birnen**, geschält, entkernt und in dünne Scheiben geschnitten
125 g **Sultaninen**
1 Esslöffel **klarer Honig**

Schlagen Sie die Butter und den Zucker in einer Rührschüssel schaumig. Nach und nach die verquirlten Eier zugeben, wenig auf einmal, bis alles aufgenommen ist. Das Mehl und den gemahlenen Kardamom zusammensieben und mit der Milch unter die Schaummasse heben.

Behalten Sie etwa ein Drittel der Birnenscheiben zurück. Den Rest grob hacken. Die gehackten Birnen mit den Sultaninen unter die Schaummasse heben. Die Masse mit dem Löffel in eine gefettete 1-kg-Kastenform füllen, deren Boden und 2 Längsseiten mit geöltem Pergamentpapier ausgelegt sind. Die Oberfläche glatt streichen.

Legen Sie die zurückbehaltenen Birnenscheiben in einer Reihe auf die Mitte des Kuchens. Leicht andrücken. Im vorgeheizten Ofen bei 160 °C, Gasstufe 3, 1¼ – 1½ Stunden backen, bis ein in die Mitte gestochenes Holzstäbchen beim Herausziehen sauber bleibt.

Nehmen Sie den Kuchen aus dem Ofen. 10 Minuten in der Form abkühlen lassen, dann die Ränder lösen und mit Hilfe des Backpapiers aus der Form heben. Auf ein Kuchengitter schieben, das Backpapier abziehen und ganz auskühlen lassen. Mit dem Honig beträufeln.

Für einen Dattel-Apfel-Kuchen 250 g entsteinte Datteln in einem zugedeckten Topf mit 150 ml Wasser 5 Minuten köcheln lassen, bis sie weich sind. Glatt pürieren. Den Kuchen wie oben beschrieben zubereiten, aber den Kardamom, die Birnen, die Sultaninen und den Honig weglassen und durch 375 g geschälte und gewürfelte Kochäpfel ersetzen. Die Hälfte in die Kastenform füllen, den Teig mit der Dattelmischung und dann dem restlichen Teig bedecken. Backen wie oben beschrieben.

Pikanter Orangenmarmelade-Kuchen

Für **24** Stücke
Zubereitungszeit **25 Minuten**
Backzeit **35 – 40 Minuten**

125 g **Butter**
200 g **Stärkesirup**
100 g **Streuzucker**
2 Esslöffel **Orangenmarmelade mit Stücken**
2 Esslöffel gehacktes, kandiertes **Zitronat und Orangeat**
(nach Wunsch)
250 g mit **Backpulver
gemischtes Mehl** (oder
250 g Mehl mit ½ Päckchen
Backpulver zusammen
durchgesiebt)
2 Teelöffel **gemahlene
Gewürzmischung**
1 Teelöffel **gemahlener
Ingwer**
½ Teelöffel **Natron**
150 ml **Milch**
2 **Eier**, verquirlt

Für den Belag
2 **Orangen**, in dünne Scheiben geschnitten
50 g **Streuzucker**
200 ml **Wasser**
2 Esslöffel **Orangen-
marmelade**

Geben Sie die Butter, den Sirup, den Zucker und die Marmelade in eine Kasserolle. Vorsichtig erwärmen und schmelzen lassen.

Nehmen Sie den Topf vom Herd. Das gehackte Zitronat und Orangeat, falls verwendet, und die trockenen Zutaten unterrühren. Die Milch und die verquirlten Eier zugeben und alles zu einem geschmeidigen Teig verrühren. In eine 20 x 20 cm große, tiefe Kuchenform füllen, die gefettet und am Boden mit geöltem Pergamentpapier ausgelegt ist. Im vorgeheizten Ofen bei 180 °C, Gasstufe 4, 35 – 40 Minuten backen, bis der Teig schön aufgegangen ist und ein in die Mitte gestochenes Holzstäbchen beim Herausziehen sauber bleibt.

In der Zwischenzeit die in Scheiben geschnitten Orangen mit dem Zucker und dem Wasser in einen Topf füllen. Zudecken und 20 Minuten weich köcheln. Den Deckel abnehmen und weitere 5 Minuten köcheln lassen, bis die Flüssigkeit auf ungefähr 2 Esslöffel eingekocht ist. Die Orangenmarmelade zugeben und erwärmen, bis sie geschmolzen ist.

Lassen Sie den Kuchen in der Form 10 Minuten abkühlen, dann die Ränder lösen, auf ein Kuchengitter stürzen und das Backpapier abziehen. Den Kuchen mit der Oberseite nach oben legen und mit dem Löffel die Orangen und die Soße darauf verteilen. In einer luftdicht verschlossenen Dose bis zu 3 Tage aufbewahren.

Für ein leichtes Pekannuss-Ingwerbrot die Orangenmarmelade aus dem Rezept weglassen und statt der Mischung von Ingwer und Gewürzen 3 Teelöffel gemahlenen Ingwer zugeben. 40 g halbierte Pekannüsse unterrühren, dann den Teig in die Kuchenform füllen und wie oben beschrieben backen. Den Belag weglassen.

Dundee-Kuchen

Für **12 – 14** Stücke
Zubereitungszeit **30 Minuten**
Backzeit **1¾ – 2 Stunden**

250 g **Mehl**
1 Teelöffel **Backpulver**
1 Teelöffel **Gewürzmischung**
50 g **gemahlene Mandeln**
abgeriebene Schale und Saft
  von ½ **Zitrone**
175 g **Butter** bei Raumtemperatur
175 g heller **Roh-Rohrzucker**
  (Muskovade)
4 **Eier**, verquirlt
500 g **Trockenfrucht-
  mischung**
25 g **blanchierte Mandeln**

Vermischen Sie Mehl, Backpulver, Gewürze, die gemahlenen Mandeln und Zitronenschale in einer Schüssel.

Schlagen Sie die Butter und den Zucker in einer anderen Schüssel schaumig. Nach und nach abwechselnd und löffelweise die verquirlten Eier und die Mehlmischung zugeben, bis alles aufgebraucht und der Teig geschmeidig ist. Die Trockenfrüchte und den Zitronensaft unterrühren.

Füllen Sie den Teig in eine tiefe, runde Kuchenform mit 20 cm Durchmesser, deren Boden und Seiten mit beschichtetem Backpapier ausgelegt sind. Die Oberfläche glatt streichen und die Mandeln in Ringen darauf anordnen. Im vorgeheizten Ofen bei 160 °C, Gasstufe 3, 1¾ – 2 Stunden backen, bis der Teig tiefbraun ist und ein in die Mitte gestochenes Holzstäbchen beim Herausziehen sauber bleibt. Nach einer Stunde nachsehen und lose mit Alufolie bedecken, falls die Mandeln zu braun werden.

Lassen Sie den Kuchen in der Form 15 Minuten abkühlen. Dann die Ränder lösen, auf ein Kuchengitter stürzen und das Backpapier abziehen. Vollständig auskühlen lassen. In einer luftdicht verschlossenen Dose bis zu 1 Woche aufbewahren.

Für einen Oster-Früchtekuchen den Teig wie oben beschrieben zubereiten und die Hälfte davon in die Form füllen und glatt streichen. 175 g Honigmarzipan auf die Größe der Backform ausrollen und auf den Teig drücken. Mit der restlichen Teigmenge bestreichen. Nicht mit Nüssen belegen, ansonsten wie oben beschrieben backen. Zum Schluss den Kuchen mit 1 Esslöffel glatter Aprikosenmarmelade bestreichen, dann 175 g Marzipanmasse ausrollen und passend schneiden. Die Ränder eindrücken und unter dem Grill leicht bräunen.

Tropischer Weihnachtskuchen

Für **10** Stücke
Zubereitungszeit **30 Minuten**
Backzeit 1¼ – 1½ **Stunden**

300 g **ungesalzene Butter**
200 g **Streuzucker**
3 große **Eier**, verquirlt
425 g mit **Backpulver
gemischtes Mehl** (oder
425 g Mehl mit ¾ Päckchen
Backpulver zusammen
durchgesiebt)
75 g **kandierte Kirschen**
50 g **Zitronat und Orangeat**
3 Esslöffel **Angelika**
3 Esslöffel **Walnüsse**
1 Dose (250 g) **Ananas** in
Scheiben
3 Esslöffel **getrocknete
Kokosnuss**
75 g **Sultaninen**
2 Esslöffel **geröstete Kokosraspel** zum Dekorieren

Für die Glasur
250 g **Puderzucker**
40 g **Butter**, zerlassen
2 Esslöffel **Kokosraspel**

Schlagen Sie die Butter und den Zucker in einer Schüssel schaumig. Nach und nach abwechselnd und löffelweise die verquirlten Eier und das Mehl untermischen.

Hacken Sie die Trockenfrüchte, die Nüsse und die Ananas. Dann mit der Kokosnuss, den Sultaninen und 3 Esslöffeln Ananassirup unter die Teigmischung heben.

Füllen Sie den Teig in eine gefettete und mit Mehl bestäubte 23-cm-Ringform oder 20-cm-Backform. Im vorgeheizten Ofen bei 160 °C, Gasstufe 3, 1¼ Stunden backen, wenn eine Ringform benutzt wird, und 1½ Stunden, wenn eine Backform benutzt wird. In der Form mindestens 10 Minuten abkühlen lassen, dann die Ränder lösen und auf ein Kuchengitter stürzen. Ganz auskühlen lassen.

Machen Sie die Glasur. Den Puderzucker in die zerlassene Butter sieben, dann 1 Esslöffel des zurückbehaltenen Ananassirups und die Kokosnuss zugeben. Alles gut umrühren, dann die Glasur auf dem Kuchen und ein wenig auch an den Seiten verstreichen. Zur Verzierung mit den gerösteten Kokosraspeln bestreuen.

Für einen Paradieskuchen den Ananassirup in der Teigmischung durch 3 Esslöffel dunklen Rum ersetzen und wie oben beschrieben weitermachen. Die Oberfläche des gebackenen Kuchens mit einer Kuvertüre aus dunkler Schokolade dekorieren, für die 2 Esslöffel Butter und 125 g dunkle Schokolade in einem Topf sanft erhitzt werden. 3 Esslöffel Puderzucker und 2 – 3 Teelöffel Milch hineinmischen, sodass eine streichfähige Kuvertüre entsteht. Mit dem Löffel über den Kuchen geben und mit etwas Angelika und kandierten Kirschen dekorieren.

Preiselbeer-Kirsch-Kuchen

Für **12** Stücke

Zubereitungszeit **30 Minuten**

Backzeit **1 Stunde 10 Minuten – 1 Stunde 20 Minu-
ten**

200 g **kandierte Kirschen**

175 g **Butter** bei Raumtemperatur

175 g **Streuzucker**

geriebene Schale von
1 kleinen **Orange**

3 **Eier**, verquirlt

225 g **mit Backpulver gemischtes Mehl** (oder 225 g
Mehl mit knapp ½ Päckchen
Backpulver zusammen
durchgesiebt)

50 g **getrocknete Preiselbeeren**

ein paar **Zuckerstücke**, grob
zerdrückt, zum Verzieren

Geben Sie die Kirschen in ein Sieb. Mit kaltem Wasser ab-
spülen, dann abtropfen lassen, mit Küchenpapier trocken
tupfen. (Dadurch wird verhindert, dass sie beim Kochen sinken.) 50 g halbieren und zum Verzieren zurücklegen.

Schlagen Sie die Butter und den Zucker in einer Rührschüssel oder einer Küchenmaschine schaumig. Die Orangenschale hineinrühren, dann nach und nach abwechselnd
und löffelweise die verquirlten Eier und das Mehl untermischen, bis alles verbraucht und der Teig geschmeidig ist.

Heben Sie die gehackten kandierten Kirschen und die
Preiselbeeren unter den Teig. Den Teig mit einem Löffel in
eine tiefe, runde 18-cm-Backform füllen, deren Boden und
Seiten mit beschichtetem Backpapier ausgelegt sind. Die
Oberfläche glatt streichen, dann die zurückbehaltenen
Kirschhälften sanft in den Teig drücken und mit den
zerdrückten Zuckerstücken bestreuen.

Backen Sie den Kuchen im vorgeheizten Ofen bei 160 °C,
Gasstufe 3, ungefähr 1 Stunde 10 Minuten – 1 Stunde
20 Minuten, bis er schön aufgegangen ist, die Oberfläche
goldbraun ist und ein in die Mitte gestochenes Holzstäbchen beim Herausziehen sauber bleibt.

Lassen Sie den Kuchen in der Form 10 Minuten abkühlen.
Dann die Ränder lösen, den Kuchen auf ein Kuchengitter
stürzen und das Backpapier abziehen. Vollständig auskühlen lassen. In einer luftdicht verschlossenen Dose bis zu
5 Tage haltbar.

Für einen Dattel-Aprikosen-Kuchen die Kirschen und die
Preiselbeeren weglassen und 125 g grob gehackte, entsteinte Datteln und 125 g gehackte, getrocknete Aprikosen zugeben. Wie oben beschrieben backen und den Kuchen so lassen, wie er ist.

Zitronen-Mohn-Kuchen

Für **10** Stücke

Zubereitungszeit **25 Minuten**

Backzeit **1 Stunde – 1 Stunde 10 Minuten**

175 g **Butter** bei Raumtemperatur

175 g **Streuzucker**

3 **Eier**, verquirlt

250 g **mit Backpulver gemischtes Mehl** (oder 250 g Mehl mit ½ Päckchen Backpulver zusammen durchgesiebt)

1 Teelöffel **Backpulver** extra

40 g **Mohnsamen**

abgeriebene Schale und Saft von 2 **Zitronen**

Für das Finish

125 g **Puderzucker**

3 – 4 Teelöffel **Zitronensaft**

Zitronat, in dünne Streifen geschnitten

Schlagen Sie die Butter und den Zucker in einer Rührschüssel schaumig. Nach und nach abwechselnd und löffelweise die verquirlten Eier und das Mehl untermischen, bis alles aufgebraucht und der Teig geschmeidig ist. Das Backpulver, die Mohnsamen, die Zitronenschale und 5 – 6 Esslöffel Zitronensaft unterrühren, sodass ein Teig von sanft tropfender Konsistenz entsteht.

Füllen Sie den Teig mit einem Löffel in eine gefettete 1-kg-Kastenform, deren Boden und 2 Längsseiten mit geöltem Pergamentpapier ausgelegt sind. Die Oberfläche glatt streichen und im vorgeheizten Ofen 160 °C, Gasstufe 3, 1 Stunde – 1 Stunde 10 Minuten backen, bis der Teig schön aufgegangen, die Oberfläche rissig und goldgelb ist und ein in die Mitte gestochenes Holzstäbchen beim Herausziehen sauber bleibt.

Lassen Sie den Kuchen 10 Minuten in der Form abkühlen. Dann die Ränder lösen und mit Hilfe des Backpapiers aus der Form heben. Auf ein Kuchengitter schieben, das Backpapier abziehen und auskühlen lassen.

Sieben Sie den Puderzucker in eine Schüssel. Dann nach und nach so viel Zitronensaft unterrühren, dass ein geschmeidiger Guss entsteht. In schnörkeligen Linien auf den Kuchen tropfen lassen. Zitronatstreifen obenauf legen und durchziehen lassen. In einer luftdicht verschlossenen Dose bis zu 1 Woche aufbewahren.

Für einen Orangen-Kümmelkuchen das obige Rezept befolgen, aber den Mohn und die Zitrone durch 1½ Teelöffel grob zerdrückte Kümmelsamen, die abgeriebene Schale von 1 großen Orange und 5 – 6 Esslöffel Orangensaft ersetzen. Vor dem Backen den Kuchen oben mit 25 g grob zerdrückten Zuckerstücken dekorieren und den Zitronenguss weglassen.

Aprikosen-Tee-Brot

Für **10** Stücke
Zubereitungszeit **25 Minuten**
plus Ziehzeit
Backzeit **1 Stunde**

100 g **getrocknete Aprikosen**, gehackt
100 g **Sultaninen**
100 g **Rosinen**
150 g **Streuzucker**
300 ml **heißer starker Tee**
275 g **mit Backpulver gemischtes Mehl** (oder 275 g
Mehl mit knapp ½ Päckchen
Backpulver zusammen
durchgesiebt)
1 Teelöffel **Natron**
1 Teelöffel **gemahlener Zimt**
1 **Ei**, verquirlt

Geben Sie die getrockneten Früchte und den Zucker in
eine Rührschüssel. Den heißen Tee zugießen und alles vermischen. 4 Stunden oder über Nacht durchziehen lassen.

Vermischen Sie das Mehl, das Natron und den Zimt. Mit
dem verquirlten Ei zu den eingeweichten Früchten geben
und alles gut vermengen.

Füllen Sie die Masse in eine gefettete 1-kg-Kastenform,
deren Boden und 2 Längsseiten mit geöltem Pergamentpapier ausgelegt sind. Die Oberfläche glatt streichen, dann
auf der Mittelschiene des vorgeheizten Ofens bei 160 °C,
Gasstufe 3, ungefähr 1 Stunde backen, bis der Teig schön
aufgegangen ist, die Oberfläche Risse aufweist und ein in
die Mitte gestochenes Holzstäbchen beim Herausziehen
sauber bleibt.

Lassen Sie den Kuchen 10 Minuten in der Form abkühlen.
Dann die Ränder lösen und mit Hilfe des Backpapiers aus
der Form heben. Ungebuttert in einer luftdicht verschlossenen Dose bis zu 1 Woche lagern.

Für ein Pflaumen-Orangen-Brot 175 g gehackte, entsteinte Pflaumen statt der Aprikosen und Sultaninen nehmen
und die Menge der Rosinen auf 125 g erhöhen. Wie oben
mit dem Streuzucker mischen, die geriebene Schale von
1 Orange zugeben, dann in 150 ml Orangensaft und
150 ml kochendem Wasser statt in Tee einweichen. Das
Mehl, das Natron und das verquirlte Ei wie oben beschrieben zugeben, den Zimt aber weglassen. In eine Kastenform füllen und nach dem obigen Rezept weiterarbeiten.

Feingebäck

Zitrus-Baklava

Ergibt **24**
Zubereitungszeit **30 Minuten**
  plus Kühlzeit
Backzeit **35 – 40 Minuten**

400 g (Packung) **tiefgekühl-
ter Blätterteig**, aufgetaut
125 g **Butter**, zerlassen

Für die Füllung
100 g **Walnussstücke**
100 g **gehäutete Pistazienkerne**
100 g **blanchierte Mandeln**
75 g **Streuzucker**
½ Teelöffel **gemahlener Zimt**

Für den Sirup
1 **Zitrone**
1 kleine **Orange**
250 g **Streuzucker**
Prise **gemahlener Zimt**
150 ml **Wasser**

Zum Verzieren
ein paar **Pistazienraspel**

Rösten Sie die Nüsse in einer beschichteten Pfanne unter Rühren 3 – 4 Minuten, bis sie leicht gebräunt sind. Etwas abkühlen lassen, dann grob hacken und mit dem Zucker und dem Zimt vermengen.

Falten Sie den Blätterteig auseinander. In Rechtecke schneiden, die so groß wie der Boden eines 18 x 28 cm großen Backblechs sind. Die Hälfte des Blätterteigs in Folie wickeln, damit er nicht austrocknet. Die Teigplatten mit Butter bestreichen, dann in der Form aufeinandersetzen. Mit einem Löffel die Nussmischung einfüllen, dann die restlichen Teigplatten auswickeln und darüberlegen, dabei jede Schicht mit Butter bepinseln.

Schneiden Sie den Blätterteig in 6 Vierecke, diese dann jeweils in 4 Dreiecke. Im vorgeheizten Ofen bei 180 °C, Gasstufe 4, 30 – 35 Minuten backen. Nach 20 Minuten mit Alufolie bedecken, damit der Teig nicht zu braun wird.

In der Zwischenzeit den Sirup zubereiten. Früchte mit einem Zitrusschaber oder Gemüseschäler abschälen, dann die Schale in Streifen schneiden. Den Saft ausdrücken. Streifen und Saft mit Zucker, Zimt und Wasser in eine Kasserolle geben. Erwärmen, bis der Zucker sich aufgelöst hat, dann 5 Minuten ohne Umrühren köcheln lassen.

Gießen Sie den heißen Sirup über den ebenfalls heißen Blätterteig. Abkühlen lassen, dann 3 Stunden kühl stellen. Aus der Form nehmen und mit Pistazienraspel bestreut servieren. Im Kühlschrank bis zu 2 Tage haltbar.

Für Rosenwasser-Baklava die Schale und den Saft der Orange aus dem Sirup weglassen und 4 Esslöffel Wasser zusätzlich und 1 Esslöffel Rosenwasser zugeben. Über die gebackene Baklava gießen.

Französische Apfeltorte

Ergibt 4
Zubereitungszeit **20 Minuten**
  plus Kühlzeit
Backzeit **25 – 30 Minuten**

375 g **Fertig-Blätterteig**
2 knackige grüne **Tafeläpfel**
  (z. B. Granny Smith),
  geschält, entkernt und in
  Scheiben geschnitten
1 Esslöffel **Streuzucker**
25 g **ungesalzene Butter**,
  gekühlt
Crème fraîche zum Servieren

Für die Aprikosenglasur
250 g **Aprikosenmarmelade**
2 Teelöffel **Zitronensaft**
2 Teelöffel **Wasser**

Teilen Sie den Blätterteig in Viertel. Auf einer leicht bemehlten Arbeitsfläche 2 mm dick ausrollen. Mithilfe eines Tellers mit 13 cm Durchmesser 4 Scheiben ausschneiden – mehrere kurze Einschnitte rund um den Tellerrand machen, statt das Messer rundum zu ziehen, wodurch der Teig sich verziehen könnte. Die Scheiben auf ein Backblech legen.

Legen Sie einen etwas kleineren Teller auf jede Teigscheibe. Am Rand einen 1-cm-Abstand markieren. Die Scheiben in der Mitte mit der Gabel einstechen und 30 Minuten in den Kühlschrank stellen.

Legen Sie die Apfelscheiben in einem Kreis auf die Teigscheiben. Mit Zucker bestreuen. Die Butter obenauf raspeln und im vorgeheizten Ofen bei 220 °C, Gasstufe 7, 25 – 30 Minuten backen, bis der Teig und die Äpfel goldbraun sind.

In der Zwischenzeit die Aprikosenglasur zubereiten. Die Marmelade mit dem Zitronensaft und dem Wasser in einen kleinen Topf geben und vorsichtig erwärmen, bis die Marmelade schmilzt. Die Hitze höher stellen und 1 Minute kochen, vom Herd nehmen und durch ein feines Sieb passieren. Warm halten, dann auf jedes Apfeltörtchen pinseln, solange sie noch warm sind. Mit einer Kugel Eis servieren.

Für Pfirsichtörtchen die 2 Äpfel durch 2 halbierte, enthäutete und in dünne Spalten geschnittene Pfirsiche ersetzen. Auf den Teigscheiben verteilen und wie oben beschrieben weitermachen. 12 – 15 Minuten backen.

Schokoladen-Eclairs mit Cremelikör

Ergibt **18**
Zubereitungszeit **40 Minuten**
  plus Kühlzeit
Backzeit **15 Minuten**

150 ml **Wasser**
50 g **Butter**
65 g **Mehl,** gesiebt
2 **Eier,** verquirlt
½ Teelöffel **Vanilleextrakt**

Für die Füllung
250 ml **Schlagsahne**
2 Esslöffel **Puderzucker**
4 Esslöffel **Whisky und
  Kaffeecremelikör** (z. B.
  Baileys)

Für die Kuvertüre
25 g **Butter**
100 g **dunkle Schokolade**,
  in Stücke gebrochen
1 Esslöffel **Puderzucker**
2–3 Teelöffel **Milch**

Erwärmen Sie das Wasser und die Butter vorsichtig in einer Kasserolle, bis die Butter geschmolzen ist. Zum Kochen bringen, dann das Mehl auf einen Schlag hineinschütten und kräftig rühren, bis sich die Masse als Kloß vom Topf löst und die Seiten des Topfes fast sauber bleiben. 10 Minuten abkühlen lassen.

Nach und nach die Eier und die Vanille unterrühren, bis der Brandteig dick und glatt ist. Mit dem Löffel in eine große Nylon-Spritztüte mit einer 1-cm-Lochtülle füllen. Den Teig in 7,5 cm breiten Streifen in reichlichem Abstand auf ein großes, leicht gefettetes Backblech spritzen.

Backen Sie die Eclairs im vorgeheizten Ofen bei 200 °C, Gasstufe 6, 15 Minuten, bis sie schön aufgegangen sind. In die Seite jedes Eclairs einen Schlitz schneiden, damit der Dampf entweichen kann, dann weitere 5 Minuten in den abgestellten Ofen stellen. Abkühlen lassen.

Schlagen Sie die Sahne fast steif. Dann nach und nach den Puderzucker und den Likör unterrühren. Jeden Eclair einmal quer durchschneiden und mit dem Löffel oder der Spritztüte die Sahne hineinfüllen.

Machen Sie die Schokoladenkuvertüre. Die Butter, die Schokolade und den Puderzucker zusammen erwärmen, bis sie geschmolzen sind. Die Milch hineinrühren, dann über die Eclairs geben. Am gleichen Tag servieren.

Für Schokoladen-Profiteroles mit einem Spritzbeutel kleine Häufchen des Brandteigs auf Backbleche setzen. Wie oben beschrieben 10 – 12 Minuten backen. Nach dem Abkühlen mit geschlagener Sahne füllen und mit einer Schokoladensoße beträufeln, die durch vorsichtiges Erwärmen von 150 g dunkler Schokolade mit 15 g Butter, 25 g Streuzucker und 150 ml Milch hergestellt wird.

Himbeer-Kränzchen

Ergibt **8**
Zubereitungszeit **30 Minuten**
  plus Kühlzeit
Backzeit **15 Minuten**

150 ml **Wasser**
50 g **Butter**
65 g **Mehl**, gesiebt
2 **Eier**, verquirlt
½ Teelöffel **Vanilleextrakt**
  (wahlweise 1 Päckchen
  Vanillezucker)
15 g **Mandelblättchen**
gesiebter **Puderzucker** zum
  Bestäuben

Für die Füllung
300 ml **vollfette Crème
  fraîche**
3 Esslöffel **Puderzucker**, gesiebt
250 g **frische Himbeeren**

Erwärmen Sie das Wasser und die Butter vorsichtig in einer Kasserolle, bis die Butter geschmolzen ist. Zum Kochen bringen, dann das Mehl auf einmal zugeben und so lange rühren, bis sich die Masse als Kloß vom Topf löst und die Seiten des Topfes fast sauber bleiben. 10 Minuten abkühlen lassen.

Nach und nach die Eier und die Vanille unterrühren, bis der Brandteig dick und glatt ist. Mit dem Löffel in einen großen Nylon-Spritzbeutel mit einer 1-cm-Lochtülle füllen. Den Teig in Ringen mit 7,5 cm Durchmesser in reichlichem Abstand auf ein gefettetes Backblech spritzen.

Bestreuen Sie die Ringe mit Mandelblättchen. Dann im vorgeheizten Ofen bei 200 °C, Gasstufe 6, 15 Minuten backen. In die Seite jedes Ringes einen kleinen Schlitz schneiden, damit der Dampf entweichen kann, dann weitere 5 Minuten in den abgestellten Ofen stellen. Abkühlen lassen.

Schneiden Sie jeden Brandteigring quer auf. Mit der Crème fraîche, gemischt mit der Hälfte des Puderzuckers, füllen, dann mit den Himbeeren bestreuen. Auf einer Kuchenplatte anordnen und mit dem restlichen Puderzucker bestäuben. Ganz frisch schmecken die Himbeer-Kränzchen am besten.

Für Erdbeer-Windbeutel den Brandteig wie oben beschrieben zubereiten und mit dem Spritzbeutel 8 Teigkugeln auf ein gefettetes Backblech spritzen. Wie oben backen, bis sie knusprig sind, dann die Windbeutel mit 150 g Frischkäse, gemischt mit 150 ml geschlagener Sahne und gesüßt mit 2 Esslöffeln Puderzucker, und 250 g in Scheiben geschnittenen Erdbeeren füllen. Oben mit gesiebtem Puderzucker bestäuben.

Bananen-Pfirsich-Strudel

Ergibt **8**
Zubereitungszeit **30 Minuten**
Backzeit **15 – 18 Minuten**

2 **Bananen**, je etwa 175 g mit
  Schale, geschält und
  gehackt
2 Esslöffel frischer **Zitronensaft**
2 kleine **reife Pfirsiche**, je ca.
  100 g, halbiert, entkernt und
  in Spalten geschnitten
100 g **Heidelbeeren**
2 Esslöffel **Streuzucker**
2 Esslöffel **frische Semmelbrösel**
½ Teelöffel **gemahlener Zimt**
270 g (Packung) **6 Blätterteigplatten**, aufgetaut,
  wenn tiefgekühlt
50 g **Butter**, zerlassen
gesiebter **Puderzucker** zum
  Bestäuben

Wälzen Sie die Bananen im Zitronensaft. Dann mit den Pfir-
sichspalten und den Heidelbeeren in eine große Schüssel
geben. Den Zucker, die Semmelbrösel und den Zimt in einer kleinen Schüssel vermengen, dann vorsichtig das Obst
unterrühren.

Falten Sie die Blätterteigplatten auseinander und legen Sie
eine mit der Längsseite zu sich auf den Tisch.

Schneiden Sie die Platten halb durch in 2 Rechtecke, die
23 x 25 cm groß sind. Dann auf jedes Rechteck 2 gehäufte
Löffel der Früchtemischung geben und die Teigränder
einschlagen. Den Teig mit etwas zerlassener Butter bestreichen, dann von der Schmalseite her aufrollen. Wiederholen,
bis aus 4 Blätterteigplatten 8 Mini-Strudel entstanden sind.

Bepinseln Sie die Strudel mit noch etwas zerlassener Butter. Die restlichen Blätterteigplatten in breite Streifen
schneiden, dann wie Bänder um die Strudel wickeln, womit
Risse und Unebenheiten im Teig verdeckt werden. Auf ein
ungefettetes Backblech setzen und mit der restlichen Butter bepinseln.

Backen Sie die Strudel im vorgeheizten Ofen bei 190 °C,
Gasstufe 5, 15 – 18 Minuten goldbraun und knusprig. Auf
dem Blech abkühlen lassen, dann mit etwas gesiebtem
Puderzucker bestäuben und auf einer Kuchenplatte anordnen. Ganz frisch schmecken die Strudel am besten.

Für klassische Apfelstrudel die Bananen und Pfirsiche
durch 500 g entkernte, geschälte und in Spalten geschnittene Kochäpfel ersetzen, die mit 2 Esslöffeln Zitronensaft
übergossen und mit 50 g Sultaninen vermischt sind. Statt
der Semmelbrösel gemahlene Mandeln nehmen und mit
dem Zimt vermengen. Die Zuckermenge auf 50 g erhöhen
und mit dem Rezept wie oben beschrieben weitermachen.

Klassische Zitronen-Tarte

Ergibt **8**
Zubereitungszeit **20 Minuten**
 plus Kühlzeit
Backzeit **40 – 45 Minuten**

200 g **Mehl**
½ Teelöffel **Salz**
100 g **Butter**, gewürfelt
2 Esslöffel **Puderzucker** plus
 extra zum Bestäuben
2 **Eigelbe**
1–2 Teelöffel **kaltes Wasser**

Für die Füllung
3 **Eier**, plus 1 **Eigelb**
475 ml **Schlagsahne**
100 g **Zucker**
150 ml **Zitronensaft**

Geben Sie das Mehl und das Salz in eine Rührschüssel. Die Butter zugeben und mit den Fingerspitzen einreiben oder in der Maschine zerkleinern, bis die Mischung feinen Brotbröseln ähnelt.

Rühren Sie den Puderzucker hinein. Nach und nach Eigelbe und Wasser einarbeiten, bis ein fester Teig entsteht.

Kneten Sie den Teig auf einer leicht bemehlten Arbeitsfläche kurz durch. Dann mit Klarsichtfolie bedecken und 30 Minuten kühl stellen. Den Teig ausrollen und damit eine Tarte- oder Springform mit 25 cm Durchmesser auskleiden. Den Boden mit der Gabel mehrmals einstechen und 20 Minuten kühl stellen.

Schneiden Sie Backpapier zu. Auf den Tarteboden legen und mit Backbohnen aus Keramik beschweren. Im vorgeheizten Ofen bei 200 °C, Gasstufe 6, 10 Minuten backen. Das Papier und die Bohnen vom Teig nehmen und weitere 10 Minuten backen, bis die Tarte knusprig und goldbraun ist. Aus dem Ofen nehmen und die Temperatur auf 150 °C, Gasstufe 2, senken.

Schlagen Sie alle Zutaten der Füllung schaumig. In die Tarteform gießen und 20 – 25 Minuten backen, bis die Füllung gerade fest ist. Die Tarte ganz auskühlen lassen, mit gesiebtem Puderzucker bestäuben und servieren.

Für eine Schokoladen-Tarte den Tarteboden wie oben beschrieben zubereiten und blindbacken. 450 ml Schlagsahne in einer Kasserolle mit 150 g dunkler Schokolade erwärmen und umrühren, bis die Schokolade geschmolzen ist. 3 Eier und 1 Eigelb mit 50 g Streuzucker und ¼ Teelöffel Zimt verrühren. Nach und nach die Schokoladencreme unterrühren. Wie oben beschrieben backen und mit gesiebtem Kakaopulver bestäubt servieren.

Beerenschnitten mit Vanillecreme

Ergibt **8**
Zubereitungszeit **40 Minuten**
Backzeit **13 – 16 Minuten**

375 g (Packung) **Fertig-
  Blätterteig**, aufgetaut
250 ml **Sahne**
150 g **Fertig-Vanillecreme**
200 g **Erdbeeren**, in Scheiben geschnitten
150 g **Himbeeren**
Puderzucker, gesiebt, nach
  Wunsch

Rollen Sie den Blätterteig auf einer leicht bemehlten Arbeitsfläche aus. In zwei 10 x 30 cm Streifen schneiden. Mit reichlichem Abstand auf ein feuchtes Backblech legen. Mit einer Gabel einstechen und im vorgeheizten Ofen bei 220 °C, Gasstufe 7, 10 – 12 Minuten backen, bis der Teig schön aufgegangen ist.

Schneiden Sie jeden Streifen waagerecht halb durch. Die oberen Hälften abnehmen und mit der gebackenen Seite nach unten auf ein anderes Backblech legen. Alle Streifen 3 – 4 Minuten weiterbacken, um die weiche Mitte auszutrocknen. Abkühlen lassen.

Schlagen Sie die Sahne. Dann die Vanillecreme unterheben und mit dem Löffel auf 3 der Blätterteigstreifen verstreichen. Die Erdbeeren und Himbeeren auf jedem dieser Streifen verteilen und dann beide Hälften aufeinandersetzen. Wenn gewünscht, den letzten Streifen draufsetzen und mit Puderzucker bestäuben. Auf eine große Kuchenplatte schieben. Zum Servieren jede Vanillecremeschnitte in 4 Stücke schneiden. Sie schmecken am besten an dem Tag, an dem sie zubereitet werden.

Für Kaffeecreme-Schnitten den Teig wie oben beschrieben backen. 3 Teelöffel Instant-Kaffee in 2 Teelöffeln kochendem Wasser auflösen. In die Vanillecreme rühren. Mit der Creme die Teigstreifen zusammensetzen, dabei die Sommerbeeren weglassen. Die vierte Teigschicht draufsetzen und mit der Kuvertüre von Seite 212 (Schokoladen-Eclairs mit Cremelikör) beträufeln und mit ein paar Schokoladenröllchen dekorieren.

Kuchen ohne Backen

Zitronenschnitten

Für **9** Stücke

Zubereitungszeit **25 Minuten plus Kühlzeit**

8 **Löffelbiskuits**, waagerecht durchgeschnitten, damit die Stücke flacher sind

100 g **Butter** bei Raumtemperatur

100 g **Streuzucker**

abgeriebene Schale von
 2 **Zitronen**

2 **Eier**, getrennt

150 ml **Schlagsahne**

Saft von 1 **Zitrone**

Für das Finish

4 Esslöffel **Puderzucker**

125 g **frische Himbeeren**

100 g **Heidelbeeren**

frische Minzeblätter

Kleiden Sie eine flache 20 x 20 cm große Backform mit Klarsichtfolie aus. Die Hälfte der Löffelbiskuits in einer Schicht auf den Boden der Form legen.

Rühren Sie die Butter, den Zucker und die Zitronenschale schaumig. Nach und nach die Eigelbe unterrühren.

Schlagen Sie die Eiweiße in einer großen, sauberen Schüssel steif. Dann die Sahne in einer anderen Schüssel steif schlagen. Die geschlagene Sahne, dann die Eiweiße unter die Crememasse heben. Nach und nach den Saft von ½ Zitrone unterrühren.

Träufeln Sie ein wenig vom restlichen Zitronensaft über die Löffelbiskuits. Die Crememasse darübergeben und die Oberfläche vorsichtig glatt streichen. Mit einer zweiten Schicht Löffelbiskuits bedecken. Die Löffelbiskuits sanft in die Crememasse drücken und mit dem restlichen Zitronensaft beträufeln. Mit Klarsichtfolie bedecken und 4 Stunden oder über Nacht in den Kühlschrank stellen.

Entfernen Sie die obere Klarsichtfolie. Den Kuchen umgedreht auf ein Holzbrett legen und die übrige Klarsichtfolie abziehen. Mit Beeren und Minzeblättern dekorieren, mit Puderzucker bestäuben. Innerhalb von 2 Tagen nach der Zubereitung essen, im Kühlschrank aufbewahren.

Für Tiramisu-Schnitten 4 Esslöffel starken schwarzen Kaffees mit 2 Esslöffel Sherry mischen. Die Hälfte davon über die Löffelbiskuits in der Backform geben. 250 g Mascarpone-Frischkäse mit 50 g Streuzucker und 150 ml Schlagsahne schlagen. Die Hälfte in die Form geben, mit 50 g gehackter dunkler Schokolade bestreuen, dann die Schicht mit den restlichen Zutaten wiederholen und die gleiche Menge Schokolade darüberstreuen. Vor dem Servieren kühl stellen.

Sizilianischer Käsekuchen

Für **8** Stücke

Zubereitungszeit **20 Minuten plus Kühlzeit**

250 g **Ricotta**

50 g **Puderzucker** (braucht nicht gesiebt werden)

150 ml **Schlagsahne**

100 g **dunkle Schokolade**, fein gehackt

75 g **getrocknete Aprikosen**, fein gehackt

75 g **kandierte Kirschen** in mehreren Farben, grob gehackt

2 Esslöffel gehacktes, kandiertes **Zitronat und Orangeat**

10 **Löffelbiskuits**

6 Esslöffel **weißer Rum**

Kakaopulver zum Dekorieren

Mischen Sie den Ricotta mit dem Puderzucker. Die Sahne schlagen, bis sie weiche Wirbel bildet, dann unter den Ricotta heben. Ein paar Stücke von den gehackten Schokoladestücken, Aprikosen, Kirschen und dem Zitronat und Orangeat beiseite legen und den Rest in die Ricottamischung rühren.

Kleiden Sie eine tiefe, runde Kuchenform mit 18 cm Durchmesser mit 2 Stücken Klarsichtfolie so aus, dass der Boden und die Seiten bedeckt sind. Die Hälfte der Löffelbiskuits auf dem Boden der Kuchenform anordnen, eventuell passend schneiden. Mit der Hälfte des Rums tränken.

Geben Sie zwei Drittel der Ricottamischung über die Löffelbiskuits. Die Oberfläche glatt streichen. Mit den restlichen Löffelbiskuits bedecken und mit dem restlichen Rum tränken. Den Rest der Ricottamischung obenauf verteilen. Mit den beiseite gelegten Schoko- und Früchtestücken bestreuen und mit Kakaopulver bestäuben. 4 Stunden oder über Nacht in den Kühlschrank stellen.

Lösen Sie die Ränder. Den Kuchen mit Hilfe der Klarsichtfolie aus der Form heben. Die Folie abziehen und den Kuchen auf eine Servierplatte schieben. Zum Servieren in dünne Keile schneiden. Im Kühlschrank bis zu 2 Tagen aufbewahren.

Für einen Cherry-Kirsch-Gâteau die mit Klarsichtfolie ausgekleidete Form mit Löffelbiskuits auslegen, aber nicht mit Rum, sondern mit Kirschwasser tränken. Obenauf statt der Ricottamischung eine gesüßte Mascarpone-Creme verstreichen, wie oben besprenkelt mit gehackter Schokolade plus 425 g entsteinten Süßkirschen aus dem Glas, abgetropft und grob gehackt, statt der Trockenfrüchte.

Schoko-Nuss-Riegel

Für **10** Stücke
Zubereitungszeit **20 Minuten**
   plus Kühlzeit
Backzeit **5 Minuten**

50 g **Butter**
400 g fettfreie, gesüßte
   Kondensmilch
200 g **dunkle Schokolade**,
   in Stücke gebrochen
125 g **Butterkekse**
50 g **Haselnüsse**
100 g **gehäutete Pistazienkerne**

Fetten Sie mit einer kleinen Menge der Butter den Boden und den Rand einer Springform mit 20 cm Durchmesser ein. Den Rest der Butter mit der Kondensmilch und der Schokolade in eine Kasserolle geben. 3 – 4 Minuten vorsichtig unter Rühren erwärmen, bis alles geschmolzen ist, dann vom Herd nehmen.

Füllen Sie die Kekse in eine Plastiktüte. Mit einem Nudelholz in grobe Stücke zerdrücken. Die Haselnüsse unter einem vorgeheizten heißen Grill rösten, bis sie hellbraun sind, dann mit den Pistazien grob hacken.

Rühren Sie die Kekse in die Schokoladenmischung. Dann die Hälfte der Mischung mit dem Löffel in die vorbereitete Form geben und glatt streichen. 2 Esslöffel der Nüsse beiseite stellen, dann den Rest über die Schokoladenkeksmischung streuen. Mit der restlichen Schokoladenmischung bedecken, die Oberfläche mit der Rückseite des Löffels glätten und mit den zur Seite gestellten Nüssen bestreuen.

Kühlen Sie die Nussmischung 3 – 4 Stunden, bis sie fest ist. Dann die Ränder lösen und den Springformrand abnehmen. In 10 dünne Scheiben oder in kleine, bissgerechte Stücke als Petits Fours schneiden. Was übrig bleibt, in Folie eingewickelt bis zu 3 Tage im Kühlschrank aufbewahren.

Für Ingwer-Fruchtschnitten die Schokoladenmischung wie oben herstellen und zerdrückte Vollkornkekse statt der Butterkekse unterrühren. Die Nüsse weglassen und 50 g grob gehackte getrocknete Aprikosen und 2 Esslöffel gehackten kandierten Ingwer nehmen, dabei 2 – 3 Esslöffel für den Belag zurückbehalten.

Diplomatenkuchen

Für **8** Stücke
Zubereitungszeit **25 Minuten**
plus Kühlzeit

200 g **dunkle Schokolade**,
in Stücke gebrochen
300 ml **Schlagsahne**
3 Esslöffel **Puderzucker**
(braucht nicht gesiebt zu
werden)
4 Esslöffel **Brandy** oder
Kaffeelikör
100 ml **starker schwarzer**
Kaffee, abgekühlt
30 **Löffelbiskuits**

Zum Verzieren
150 ml **Schlagsahne**
Kakaopulver, gesiebt

Schmelzen Sie die Schokolade in einer hitzebeständigen,
über einen Topf mit schwach köchelndem Wasser gehängten Schüssel. In der Zwischenzeit eine Kastenform mit
Klarsichtfolie so auskleiden, dass der Boden und die Seiten
bedeckt sind.

Schlagen Sie die Sahne, bis sie schwache Spitzen zieht.
Den Puderzucker, dann die geschmolzene Schokolade
unterheben. Mit dem Löffel eine dünne Schicht auf den
Boden der ausgekleideten Form geben.

Mischen Sie den Brandy oder Kaffeelikör und den abgekühlten Kaffee in einer flachen Schüssel. Die Löffelbiskuits einen nach dem anderen in die Mischung tauchen
und tränken, dann in einer Schicht auf die Schokoladencreme in der Form legen. Mit der Hälfte der restlichen
Creme, dann mit einer zweiten Schicht getränkter Löffelbiskuits bedecken. Weiter schichten, bis die ganze Creme
und alle Biskuits aufgebraucht sind.

Stellen Sie den Kuchen 4 Stunden oder auch über Nacht
in den Kühlschrank. Die Ränder lösen und umgedreht auf
eine Kuchenplatte geben. Die Klarsichtfolie abziehen. Die
Sahne schlagen und mit dem Löffel darübergeben, dann
mit Kakaopulver bestäuben. Zum Servieren in dicke Scheiben schneiden. Bis zu 2 Tage im Kühlschrank aufbewahren.

Für Tiramisu 250 g Mascarpone mit 2 Esslöffeln Puderzu-
cker süßen und mit 150 ml geschlagener Sahne mischen.
In der mit Klarsichtfolie ausgekleideten Kastenform die
Creme wie oben mit in Kaffeelikör und Kaffee getauchten
Löffelbiskuits schichten. Mit Schokoladenröllchen ver-
zieren.

Schokoladen-Leckerlis

Für **15** Stücke
Zubereitungszeit **15 Minuten**
 plus Kühlzeit

150 g **dunkle Schokolade**,
 in Stücke gebrochen
100 g **Erdnussbutter** mit
 Stückchen
25 g **Butter**
2 Esslöffel **Stärkesirup**
150 g **Vollkornkekse**
50 g **Mandeln oder
 Cashewkerne**
gesüßte Mandeln, grob
 gehackt, zum Dekorieren

Geben Sie die Schokolade, die Erdnussbutter, die Butter und den Sirup in eine Kasserolle. Unter gelegentlichem Rühren langsam schmelzen lassen. Vom Herd nehmen.

Füllen Sie die Kekse in eine Plastiktüte. Mit einem Nudelholz grob zerdrücken. Die zerdrückten Kekse und die Nüsse in die Schokolade rühren und so lange weiterrühren, bis sie gleichmäßig überzogen sind.

Füllen Sie die Masse in eine flache, 20 x 20 cm große, mit Backpapier ausgelegte Backform. Die Oberfläche glatt streichen. 4 Stunden kühl stellen, bis der Kuchen fest ist. Mit Hilfe des Backpapiers aus der Form heben, in 15 kleine Quadrate schneiden und das Papier abziehen. Mit gesüßten Mandeln dekorieren. In einer luftdicht verschlossenen Dose bis zu 3 Tage aufbewahren.

Für Schokoladen-Marshmallow-Keile die Erdnussbutter, die Nüsse und die gesüßten Mandeln weglassen. Die Schokolade mit 75 g Butter und 75 g Stärkesirup schmelzen. Etwas kühl stellen, dann 65 g grob gehackte Löffelbiskuits, 65 g grob gehackte kandierte Kirschen und 100 g Mini-Marshmallows unterrühren. In eine mit Klarsichtfolie ausgelegte Backform mit 20 cm Durchmesser füllen und die Oberseite mit 25 g halbierte Mini-Marshmallows bestreuen. Wie oben beschrieben kühl stellen. Aus der Form nehmen, die Klarsichtfolie abziehen und in dünne Keile schneiden.

Schoko-Cornflake-Crunchies

Für **20** Stücke
Zubereitungszeit **15 Minuten**
  plus Kühlzeit

200 g **dunkle Schokolade**,
  in Stücke gebrochen
50 g **Butter**
3 Esslöffel **Stärkesirup**
125 g **Cornflakes**
Mini-Marshmallows, in
  Scheiben geschnitten, zum
  Dekorieren

Geben Sie die Schokolade mit der Butter und dem Sirup in eine Kasserolle. Vorsichtig unter gelegentlichem Umrühren erhitzen, bis die Schokolade und die Butter ganz geschmolzen sind und die Masse glatt und glänzend ist.

Rühren Sie die Cornflakes unter. So lange mischen, bis sie ganz mit Schokolade überzogen sind. Die Masse in 20 auf einem Tablett oder Backblech angeordneten Papierförmchen füllen und 2 – 3 Stunden kühl stellen, bis sie fest sind. Mit den in Scheiben geschnittenen Mini-Marshmallows dekorieren.

Für Schoko-Orangen-Knusperküchlein das obige Rezept befolgen, aber die Cornflakes durch die gleiche Menge Puffreis ersetzen und die abgeriebene Schale von 1 kleinen Orange zugeben. Fertig machen wie oben beschrieben.

Register

Ahornsirup:
Ahornkekse 76
Ahorn-Pekan-Muffins 24
Ahornsirup-Glasur 160
Ananas:
Paradieskuchen 198
Tropischer Ingwer-
kuchen 120
Tropischer Weihnachts-
kuchen 198
Angel-Cake 148
Äpfel:
Apfel-Brombeer-
Streusel 124
Apfelkuchen mit
Calvadoscreme 168
Apfel-Rosinen-
Streusel 124
Apfelsoßen-Torte 140
Apfel-Trockenfrucht-
Kuchen 190
Apfelwein-Feigen-
Kuchen 190
Dattel-Apfel-Kuchen 192
Dattel-Apfel-
Schnitten 130
Französische Apfel-
torte 210
Klassischer Apfel-
strudel 216
Kraftriegel 112
Aprikosen:
Aprikosen-Mandel-
Dacquoise 178
Aprikosen-Orangen-
Biskuitroulade 150
Aprikosen-Sonnen-
blumen-Muffins 50
Aprikosen-Tee-
Brot 204
Dattel-Aprikosen-
Kuchen 200
Ingwer-Frucht-
schnitten 228
Kirsch-Aprikosen-
Schokoladenkuchen 184

Sizilianischer Käse-
kuchen 226
Umgedrehter
Aprikosen-Preiselbeer-
Kuchen 128
Weiße-Schokolade-
Aprikosen-Blondies 118

Backpflaumen:
Pflaumen-Orangen-
Brot 204
Pflaumen-Sonnen-
blumen-Schnitten 130
Baisers (siehe auch
Meringe):
Pistazien-Schokoladen-
Baisers 16
Safran-Schokoladen-
Baisers 16
Bananen:
Bananen-Dattel-
Walnuss-Kuchen 184
Bananen-Karamell-
Meringes 52
Bananen-Pfirsich-
Strudel 216
Glasierte Bananen-
riegel 126
Kraftriegel 112
Preiselbeer-Bananen-
Happen 126
Sesam-Bananen-
Schnitten 112
Beeren:
Beerenschnitten mit
Vanillecreme 220
Sommerbeeren-
Pfannkuchen 44
Birnen:
Birnen-Kardamom-
Sultaninen-Kuchen 192
Pikante Birnen-
Preiselbeer-Muffins 46
Pikante Birnentorte 140
Schokoladenkuchen mit
Birne und Orange 122
Blätterteig:
Rosenwasser-
Baklava 208
Zitrus-Baklava 208

Blondies:
Weiße-Schokolade-
Aprikosen 118
Weiße-Schokolade-
Preiselbeeren 118
Bonbon-Törtchen 56
Brandy:
Diplomatenkuchen 230
Schokoladen-Orangen-
Kuchen mit in Cognac
eingelegten
Orangen 152
Brombeeren:
Apfel-Brombeer-
Streusel 124
Brownies:
Drei-Schokoladen 116
Rum und Rosinen 116
Churros 30
Orangen-Churros 30

Cookies:
Drei-Schokoladen 90
Schoko-Vanille-
Haselnuss-Cookies 90
Cornflake-
Crunchies 234
Creme:
Beerenschnitten mit
Vanillecreme 220
Diplomatenkuchen 230
Erdbeer-Windbeutel 214
Himbeer-Sahne-
Sandgebäck 92
Kaffeecreme-
Schnitten 220
Sandgebäck mit
Holunderblütensahne 92
Schokoladen-Eclairs mit
Cremelikör 212
Cupcakes:
Mädchen 18
Ostern 18

Dacquoise:
Aprikosen-Mandel 178
Datteln:
Bananen-Dattel-
Walnuss-Kuchen 184
Dattel-Apfel-

Kuchen 192
Dattel-Apfel-
Schnitten 130
Dattel-Aprikosen-
Kuchen 200
Dattel-Walnuss-
Scones 58
Schokoladen-Dattel-
Torte 158
Doppeldeckerkekse 66
Dundee-Kuchen 196

Erdbeeren:
Beerenschnitten mit
Vanillecreme 220
Erdbeer-Lavendel-
Sandgebäck 48
Erdbeer-Makronen-
Torte 136
Erdbeer-Mandel-
Biskuitroulade 150
Erdbeerroulade mit
Minze 162
Erdbeer-Windbeutel 214
Sandgebäck mit
Holunderblütensahne 92
Erdnussbutter:
Erdnussbutter-
Plätzchen 96
Schokoladen-
Leckerlis 232

Französische
Apfeltorte 210
Gâteaux:
Aprikosen-Pistazien 62
Himbeer-Kokos 62
Früchtekuchen, Oster- 196

Gâteaux:
Cherry-Kirsch 226
Schokoladen-Hasel-
nuss 178
Geburtstagskuchen,
Schokolade 170
Gefüllte Torten und
Kuchen:
Gefüllte Schokoladen-
Dattel-Torte 158
Sandwich-Kuchen 170

Schokoladen-
Geburtstagskuchen 170
Schwarzwälder Torte 158
Gewürze:
Apfelkuchen mit
Calvadoscreme 168
Orangen-Gewürz-
Herzen 82
Pikante Birnentorte 140
Pikanter
Orangenmarmelade-
Kuchen 194
Glasur:
Limone 120
Schokolade 126, 142, 198
Weiße Schokolade 172

Haferflocken:
Hafer-Ingwer-
Knusperkekse 100
Kraftriegel 112
Halloween-Kürbisse 72
Haselnüsse:
Haselnuss-Heidelbeer-
Kuchen 54
Kraftriegel 112
Limone-Pistazie-
Haselnuss-Biskotti 102
Polentatorte mit
Pflaumen und
Haselnüssen 114
Schokoladen-Haselnuss-
Torte 178
Schoko-Nuss-Riegel
228
Zimt-Haselnuss-
Kuchen 166
Heidelbeeren:
Bananen-Pfirsich-
Strudel 216
Haselnuss-Heidelbeer-
Kuchen 54
Heidelbeer-
Meringeroulade 162
Heidelbeer-Preiselbeer-
Muffins 46
Heidelbeer-Zitronen-
Muffins 36
Zitrone-Heidelbeer-
Sandgebäck 48

Himbeeren:
Beerenschnitten mit
Vanillecreme 220
Himbeer-Kokos-
Friands 62
Himbeer-Kränz-
chen 214
Himbeer-Sahne-
Sandgebäck 92
Himbeersplits 40
Himbeer-Weiße-
Schokoladen-
Muffins 36
Mandel-Himbeer-
Törtchen 54
Pfirsich-Streusel-
kuchen 146
Honigkekse 76

Ingwer:
Hafer-Ingwer-
Knusperkekse 100
Ingwer-Brötchen 28
Ingwer-Frucht-
schnitten 228
Ingwer-Muffins mit
Schnee 32
Ingwer-Schnee-
männer 72
Jamaikanischer
Ingwerkuchen 186
Leichtes Pekannuss-
Ingwerbrot 194
Parkin 186
Schoko-Ingwer-
Jojos 66
Schoko-Ingwer-
Plätzchen 94
Tropischer Ingwer-
kuchen 120
Weiße-Schokolade-
Ingwer-Florentiner 70
Whisky-Kuchen 188

Kaffee:
Cappuccino-Mini-
kuchen 38
Diplomatenkuchen 230
Kaffeecreme-
Schnitten 220

Kaffee-Karamell-
Meringes 52
Kaffeekuchen mit
Pistazienkrokant 160
Kaffee-Küsse 74
Mokka-Törtchen 60
Saftiger Kaffee-
kuchen 166
Tiramisu 230
Tiramisu-Schnitten 224
Karamell:
Karamell-Pinienkerne-
Schnitten 132
Schoko-Karamell-
Mürbeteiggebäck 132
Karamellsoße:
Bananen-Karamell-
Meringes 52
Kaffee-Karamell-
Meringes 52
Käse:
Cherry-Kirsch-
Gâteau 226
Sizilianischer
Käsekuchen 226
Kekse und Plätzchen:
Ahornsirup 76
Fenchel-Orange 98
Honig 76
Linzer 80
Orangen-Aprikosen-
Sandwich 80
Sultaninen & Kümmel 98
Kirschen:
Karamell-Plätzchen mit
Kirschstücken 86
Kirsch-Aprikosen-
Schokoladenkuchen 184
Cherry-Kirsch-
Gâteau 226
Kirsch-Orangen-
Roulade 174
Paradieskuchen 198
Polentatorte mit
Kirschen und
Mandeln 114
Preiselbeer-Kirsch-
Kuchen 200
Schokoladen-
Marshmallow-Keile 232

Schwarzwälder Torte 158
Sizilianischer
Käsekuchen 226
Tropischer
Weihnachtskuchen 198
Kokosnuss:
Himbeer-Kokos-
Friands 62
Kokos-Pistazien-
Kühlschrankkekse 104
Kondensmilch:
Karamell-Pinienkerne-
Schnitten 132
Schoko-Karamell-
Mürbeteiggebäck 132
Schoko-Nuss-
Riegel 228
Körner:
Kraftriegel 112
Sesam-Bananen-
Schnitten 112
Kraftriegel 112
Krokant:
Haselnuss 160
Pistazien 160
Kuvertüre:
Ahornsirup 160
Schokolade 170

Lamingtons 40
Limonen:
Limonen-Angel-Cake
mit Pistazien 144
Limonenglasur 120
Limone-Pistazie-
Haselnuss-Biskotti 102
Linzer Plätzchen 80

Makadamia-Nüsse:
Zitrone-Makadamia-
Biscotti 102
Makronenkuchen:
Erdbeere 136
Schoko-Kastanie 136
Mandeln:
Aprikosen-Mandel-
Dacquoise 178
Dundee-Kuchen 196
Erdbeer-Mandel-
Biskuitroulade 150

Kraftriegel 112
Mandeltaler 78
Oster-Früchte-
kuchen 196
Pflaumen-Mandel-
Streuselkuchen 146
Polentatorte mit
Kirschen und
Mandeln 114
Rosenwasser-
Baklava 208
Zitrus-Baklava 208
Mango:
Passionsfrucht-Mango-
Kuchen 174
Umgedrehter Mango-
Kiwi-Kuchen 128
Marmeladen-
schnitten 110
Marshmallows:
Cornflake-
Crunchies 234
Schokoladen-
Marshmallow-Keile 232
Marzipan:
Oster-Früchte-
kuchen 196
Whisky-Früchte-
kuchen 188
Mascarpone:
Tiramisu 230
Tiramisu-Schnitten 224
Meringes:
Bananen-Karamell-
Meringes 52
Erdbeerroulade mit
Minze 162
Heidelbeer-
Meringeroulade 162
Kaffee-Karamell-
Meringes 52
Schoko-Kastanien-
Makronentorte 136
Mini-Sandwich-
Kuchen 38
Möhren:
Möhren-Sultaninen-
Kuchen 120
Möhren-Walnuss-
Kuchen 168

Mokka-Törtchen 60
Muffins:
Ahorn & Pekannuss 24
Aprikosen & Sonnen-
blumenkerne 50
Heidelbeeren &
Preiselbeeren 46
Heidelbeeren &
Zitrone 36
Himbeer-Weiße-
Schokolade 36
Ingwer mit Schnee 32
Milchschokolade & Wal-
nuss 24
Pfirsich & Orange 50
Pikante Birnen &
Preiselbeeren 46
Schokoladenstücke 42
Weiße-Schokolade-
Preiselbeere 42
Zimt & Orange 32
Mürbeteig:
Erdbeer-Lavendel-
Sandgebäck 48
Himbeer-Sahne-
Sandgebäck 92
Karamell-Pinienkerne-
Schnitten 132
Klassisches
Mürbegebäck 84
Mandeltaler 78
Orangenblütentaler 78
Pistazien-Mürbe-
gebäck 84
Sandgebäck mit
Holunderblütensahne 92
Schoko-Karamell-
Mürbeteiggebäck 132
Shortbread mit Schoko-
ladenstückchen 108
Zitrone-Heidelbeer-
Sandgebäck 48
Zitronen-Shortbread-
Finger 108

Orangen:
Aprikosen-Orangen-
Biskuitroulade 150
Fenchel-Orangen-
Kekse 98

Kirsch-Orangen-
Roulade 174
Orangen-Aprikosen-
Sandwichkekse 80
Orangen-Churros 30
Orangen-Gewürz-
Herzen 82
Orangen-Knusper-
kekse 100
Orangen-Kümmel-
kuchen 202
Orangen-Sultaninen-
Scones 22
Pfannkuchen mit Orange
und Zimt 26
Pfirsich-Orangen-
Muffins 50
Pflaumen-Orangen-
Brot 204
Schokoladenkuchen
mit Birne und
Orange 122
Schokoladen-Orangen-
Kuchen 164
Schokoladen-
Orangen-Kuchen mit in
Cognac eingelegten
Orangen 152
St.-Clements-
Kuchen 154
Zimt-Orangen-
Muffins 32
Zitronen-Orangen-
törtchen 20
Zitrus-Baklava 208
Orangenblütentaler 78
Orangenlikör-Torte 138
Orangenmarmelade:
Orangenmarmelade-
Schnitten 110
Pikanter Orangen-
marmelade-Kuchen 194
Osterbrötchen 28
Oster-Früchte-
kuchen 196

Paradieskuchen 198
Parkin 186
Passionsfrucht-Mango-
Kuchen 174

Pekannüsse:
Ahorn-Pekan-
Muffins 24
Leichtes Pekannuss-
Ingwerbrot 194
Whisky-Früchte-
kuchen 188
Pfefferkuchen 182
Pfirsiche:
Bananen-Pfirsich-
Strudel 216
Pfirsich-Orangen-
Muffins 50
Pfirsich-Streusel-
kuchen 146
Pfirsichtörtchen 210
Pflaumen:
Pflaumen-Mandel-
Streuselkuchen 146
Polentatorte mit
Pflaumen und
Haselnüssen 114
Pistazienkerne:
Kaffeekuchen mit
Pistazienkrokant 160
Kokos-Pistazien-
Kühlschrankkekse 104
Limonen-Angel-Cake
mit Pistazien 144
Limone-Pistazie-
Haselnuss-Biskotti 102
Pistazien-Mürbe-
gebäck 84
Pistazien-Schokoladen-
Baisers 16
Rosenwasser-
Baklava 208
Schoko-Nuss-Riegel 228
Schoko-Pistazien-
Plätzchen 86
Zitrus-Baklava 208
Plätzchen:
Erdnussbutter 96
Karamell-Plätzchen mit
Kirschstücken 86
Kokos-Pistazien-
Kühlschrank 104
Oster 68
Schokolade-Chili 94
Schokolade-Ingwer 94

Schoko-Pistazien-
Plätzchen 86
Vanille-Demerara 104
Zahlen 68
Polenta:
Polentatorte mit Kir-
schen und Mandeln 114
Polentatorte mit
Pflaumen und
Haselnüssen 114
Zitronen-Polenta-
Kuchen 176
Preiselbeeren:
Heidelbeer-Preiselbeer-
Muffins 46
Pikante Birnen-
Preiselbeer-Muffins 46
Preiselbeer-Bananen-
Happen 126
Preiselbeer-Kirsch-
Kuchen 200
Umgedrehter Aprikosen-
Preiselbeer-Kuchen 128
Weiße-Schokolade-
Preiselbeer-Muffins 42
Profiteroles,
Schokolade 212

Rosenwasser-
Baklava 208
Rouladen:
Aprikosen-Orangen-
Biskuitroulade 150
Erdbeer-Mandel-
Biskuitroulade 150
Erdbeerroulade mit
Minze 162
Heidelbeer-Meringe-
roulade 162
Kirsch-Orangen-
Roulade 174
Schokoladen-Kastanien-
Roulade 156
Rum:
Paradieskuchen 198
Schoko-Brownies mit
Rum und Rosinen 116
Schoko-Rum-Torte 138
Sizilianischer
Käsekuchen 226

Safran-Schokoladen-
Baisers 16
Sandwich-Kuchen 170
Schneemänner, Ingwer   72
Schokolade:
Blechkuchen mit
Honigbirnen 122
Cornflake-
Crunchies 234
Diplomatenkuchen 230
Doppelschoko-
Törtchen 60
Drei-Schokoladen-
Brezeln 88
Drei-Schokoladen-
Brownies 116
Drei-Schokoladen-
Cookies 90
Familien-Schokoladen-
kuchen 164
Himbeer-Weiße-Schoko-
Muffins 36
Karamell-Pinienkerne-
Schnitten 132
Kirsch-Aprikosen-
Schokoladenkuchen 184
Milchschokolade-
Walnuss-Muffins 24
Mokka-Törtchen 60
Orangenlikör-Torte 138
Paradieskuchen 198
Schoko-Brownies mit
Rum und Rosinen 116
Schoko-Chili-
Plätzchen 94
Schoko-Ingwer-Jojos 66
Schoko-Ingwer-
Plätzchen 94
Schoko-Karamell-
Mürbeteiggebäck 132
Schoko-Kastanien-
Makronentorte 136
Schokoladen-Dattel-
Torte, gefüllte 158
Schokoladen-Eclairs mit
Cremelikör 212
Schokoladen-
Florentiner 70
Schokoladen-
Geburtstagskuchen 170

Schokoladen-Guinness-
kuchen 172
Schokoladen-Haselnuss-
Torte 178
Schokoladen-Kastanien-
Roulade 156
Schokoladenkuchen mit
Birne und Orange 122
Schokoladen-Küsse 74
Schokoladen-Kuvertüre
142, 198, 212, 220
Schokoladen-
Leckerlis 232
Schokoladen-
Marshmallow-Keile 232
Schokoladenmuffins 42
Schokoladen-Orangen-
Kuchen 164
Schokoladen-Orangen-
Kuchen mit in Cognac
eingelegten Orangen
152
Schokoladen-
Profiteroles 212
Schokoladen-Trüffel-
Kuchen 152
Schokoladen-Vanille-
Kuchen 154
Schoko-Nuss-Riegel
228
Schoko-Pistazien-
Plätzchen 86
Schoko-Rum-Torte 138
Schoko-Süßkartoffel-
Torte 142
Shortbread mit Schoko-
ladenstückchen 108
Sizilianischer
Käsekuchen 226
Weiße-Schoko-Ingwer-
Florentiner 70
Weiße-Schokolade-
Aprikosen-Blondies 118
Weiße-Schokolade-
Kuvertüre 172
Weiße-Schoko-
Preiselbeer-Blondies 118
Weiße-Schoko-
Preiselbeer-Muffins 42
Schwarzwälder Torte 158

Scones:
Dattel-Walnuss-
Scones 58
Orangen-Sultaninen-
Scones 22
Teekuchen 22
Vollkorn-Scones mit
Sirup 58
Shortbread:
Shortbread mit
Schokoladenstückchen
108
Shortbread Zitronen-
Shortbread-Finger 108
Sizilianischer
Käsekuchen 226
Spritzgebäck 34
St.-Clements-
Kuchen 154
Streuselkuchen:
Pfirsiche 146
Pflaumen und
Mandeln 146
Strudel:
Bananen-Pfirsich 216
Klassischer Apfel 216

Tarts:
Klassische Zitronen-
Tarte 218
Pfirsichtörtchen 210
Teekuchen 22
Tiramisu 230
Tiramisu-Schnitten 224
Törtchen:
Bonbons 56
Doppelschoko 60
Herbe Zitrone 56
Mokka 60
Pfirsichtörtchen 210
Trockenfrüchte:
Apfel-Trockenfrucht-
Kuchen 190
Dundee-Kuchen 196
Früchtekuchen 188
Früchtekuchen mit
Marzipan 196
Früchte-Pfann-
kuchen 26
Ingwer-Brötchen 28

Leichter Früchte-
kuchen 182
Pfefferkuchen 182
Whisky-Früchte-
kuchen 188
Tropischer Ingwer-
kuchen 120
Tropischer Weihnachts-
kuchen 198
Trüffel-Kuchen,
Schokolade 152

Umgedrehte Kuchen:
Umgedrehter
Aprikosen-Preisel-
beer-Kuchen 128
Umgedrehter Mango-
Kiwi-Kuchen 128

Vanille:
Schokoladen-Vanille-
Kuchen 154
Vanille-Demerara-
Plätzchen 104

Vanillecreme:
Beerenschnitten mit
Vanillecreme 220
Kaffeecreme-
Schnitten 220

Walnüsse:
Bananen-Dattel-
Walnuss-Kuchen 184
Dattel-Walnuss-
Scones 58
Milchschokolade-
Walnuss-Muffins 24
Möhren-Walnuss-
Kuchen 168
Paradieskuchen 198
Rosenwasser-
Baklava 208
Tropischer
Weihnachts-
kuchen 198
Zitrus-Baklava 208
Weihnachtskuchen,
tropischer 198

Weihnachtsbaum-
schmuck 82
Whisky:
Schokoladen-Eclairs
mit Cremelikör 212
Vollkorn-Scones mit
Sirup 58
Whisky-Früchte-
kuchen 188

Zahlenkekse 68
Zimt:
Orange-Zimt-
Pfannkuchen 26
Zimt-Haselnuss-
Kuchen 166
Zimt-Orangen-
Muffins 32
Zitronen:
Heidelbeer-
Zitronen-
Muffins 36
Herbe Zitronen-
Törtchen 56

Klassische Zitronen-
Tarte 218
Rosenwasser-
Baklava 208
St.-Clements-
Kuchen 154
Zitrone-Heidelbeer-
Sandgebäck 48
Zitrone-Makadamia-
Biscotti 102
Zitronen- und
Orangentörtchen 20
Zitronen-Angel-
Cake 144
Zitronenkuchen 176
Zitronen-Mohn-
Kuchen 202
Zitronen-Polenta-
Kuchen 176
Zitronensirup-
Törtchen 20
Zitrus-Baklava 208
Zuckerkringel 34

Cheflektorat: Nicola Hill
Lektorat: Ruth Wiseall
Cheflayouter: Darren Southern
Bildbetreuung: Martin Topping 'ome Design
Fotograf: William Shaw
Ernährungsberaterin: Sara Lewis
Foodstylistin: Liz Hippisley
Senior Production Controller: Manjit Sihra

Spezialfotos: © Octopus Publishing Group
Ltd/William Shaw.
Andere Fotos: © Octopus Publishing Group
Ltd/Stephen Conroy 19, 69, 145; /William
Lingwood 25, 41, 61, 85, 93, 97, 157, 161, 165, 177,
179, 193, 211; /Emma Neish 133, 139, 171; /Lis
Parsons 33, 73, 77, 81, 89, 149, 199, 219, 229;
/Gareth Sambidge 103; /Ian Wallace 141, 175.